기독교문서선교회 (Christian Literature Center: 약칭 CLC)는 1941년 영국 콜체스터에서 켄 아담스에 의해 시작되었으며 국제 본부는 미국 필라델피아에 있습니다. 국제 CLC는 59개 나라에서 180개의 본부를 두고, 약 650여 명의 선교사들이 이동 도서차량 40대를 이용하여 문서 보급에 힘쓰고 있으며 이메일 주문을 통해 130여 국으로 책을 공급하고 있습니다. 한국 CLC는 청교도적 복음주의 신학과 신앙 서적을 출판하는 문서선교기관으로서, 한 영혼이라도 구원되길 소망하면서 주님이 오시는 그날까지 최선을 다할 것입니다.

추천사

　장성운 박사의 책 『몰트만 신학에서 그리스도론과 교회론의 상관관계』를 추천하게 되어 대단히 기쁘게 생각합니다. 이 책은 몰트만 신학에 대한 연구서이면서, 목회자와 일반신자 모두가 관심을 가질 수 있는 책입니다.

　이 책은 5장으로 구성되어 있습니다. 제1장은 서론, 제2장은 몰트만의 그리스도론의 다양한 차원, 제3장은 몰트만의 교회론의 다양한 차원, 제4장은 몰트만의 그리스도론과 교회론의 일치성과 괴리, 제5장은 결론으로서 몰트만 신학의 장점과 한계를 지적하고, 대안을 모색합니다.

　이 책의 목적은 몰트만의 그리스도론과 교회론의 관계를 밝히는 것입니다. 그리스도는 교회의 머리이며, 교회는 그리스도로부터 자신의 정체성을 확보합니다. 그렇다면 시대정신이 변화하고 교회의 형태가 달라질 때, 그리스도에 대한 해석은 어떻게 되는가? 21세기에 그리스도에 대한 해석이 우주적 차원으로 확대될 때, 역사에 뿌리를 두고 있는 교회는 자신의 정체성을 어디서 찾아야 할 것인가? 새로운 우주관이 만들어지고 있는 현 시대에, 결정적 위기 앞에서 교회는 무엇을 지향해야 하는가? 저자는 바로 이러한 질문에 답변을 추구합니다.

　이 책은 몰트만의 그리스도론에 다양한 차원(개인적, 종교적, 우주적 차원)이 있다는 것을 밝혔고, 교회론에도 다양한 차원(종교적, 역사적, 우주적 차원)이 있다는 것을 밝혔습니다. 나아가 이 책은 몰트만 신학에서, 그리스도론의 차원들과 교회론의 차원들 사이에 일치성도 있지만, 둘 사이에 괴리도 있다는 것을 밝히고 있습니다. 이 책의 가치는, 그리스도론과 교회론이 서로 어떻게 영향을 주며, 어떤 관계를 유지해야 하는지를 설정했다는 것입니다.

이 책은 크게 세 가지 의의를 가지고 있습니다.

첫째, 몰트만의 그리스도론과 교회론의 다양한 차원을 분석하고, 둘 사이의 연관성을 정립했습니다. 몰트만의 그리스도론과 교회론에 대한 연구는 많이 있지만, 이 둘 사이의 연관성을 주제로 한 책은 거의 없습니다.

둘째, 몰트만의 사상이 전기에서 후기로 가면서, 역사적 사고에서 우주적 사고로 변화하는 것을 추적했고, 역사적 사고와 우주적 사고 사이에 괴리가 있다는 것을 찾아냈습니다. 이는 몰트만 사상의 한계를 지적하고 비판한 것으로서, 뛰어난 학문적 성과입니다.

셋째, 이 책은 몰트만 사상의 한계를 지적할 뿐 아니라 대안을 제시하는 바, 그것은 우주적 지평을 가지면서 역사적 토대를 유지하는 교회론이라 할 수 있습니다.

이 책의 학문적 기여와 활용은 상당할 것입니다. 이 책은 몰트만의 교회론과 그리스도론의 연관성에 대한 새로운 해석을 시도했고, 그 한계를 지적했으며, 대안을 제시함으로써, 훌륭한 학문적 기여를 했습니다. 나아가 이 책은 교회가 어떤 신학적 지평을 가져야 하는지를 보여주고, 동시에 오늘의 교회가 현실 속에서 역사성을 상실하지 않아야 한다는 것을 보여줍니다. 21세기는 세계관과 우주관이 바뀌는 시대이며, 기독교는 그 어느 시기와 비교할 수 없는 도전에 직면할 것입니다. 이러한 시대적 정황 속에서, 장성운 박사의 이 책은 한국 교회가 나아갈 하나의 방향을 보여줍니다.

이 책이 추구한 그리스도론과 교회론의 바른 관계가 한국 교회를 새롭게 하기를 기대합니다.

2022년 8월
김동건
영남신학대학교 교수

나의 스승
나의 신학의 아버지인 김동건 교수님께 바칩니다.

몰트만 신학에서
그리스도론과 교회론의 상관관계

The Correlations between Christology and Ecclesiology in Moltmann's Theology
Written by Sung Un Chang
All rights reserved.
Korean Edition Copyright ⓒ 2022 by Christian Literature Center, Seoul, Korea

몰트만 신학에서 그리스도론과 교회론의 상관관계

2022년 8월 30일 초판 발행

지 은 이 | 장성운

편 집 | 박지영
디 자 인 | 박성숙
펴 낸 곳 | (사)기독교문서선교회
등 록 | 제16-25호(1980.1.18.)
주 소 | 서울특별시 서초구 방배로 68
전 화 | 02-586-8761~3(본사) 031-942-8761(영업부)
팩 스 | 02-523-0131(본사) 031-942-8763(영업부)
이 메 일 | clckor@gmail.com
홈페이지 | www.clcbook.com
송금계좌 | 기업은행 073-000308-04-020 (사)기독교문서선교회
일련번호 | 2022-95

ISBN 978-89-341-2475-7(93230)

이 책의 출판권은 (사)기독교문서선교회가 소유합니다.
신저작권법에 의하여 한국 내에서 보호받는 저작물이므로 무단 전재와 무단 복제를 금합니다.

The Correlations between Christology and
Ecclesiology in Moltmann's Theology

신학 박사 논문 시리즈 70

몰트만 신학에서 그리스도론과 교회론의 상관관계

장성운 지음

CLC

목 차

추천사 **김 동 건** 영남신학대학교 교수   1

저자 서문   9

제1장 몰트만 그리스도론의 다양한 차원   15
   1. 개인적 차원의 그리스도   17
   2. 역사적 차원의 그리스도   41
   3. 우주적 차원의 그리스도   67

제2장 몰트만 교회론의 다양한 차원   103
   1. 종교적 차원의 교회   107
   2. 역사적 차원의 교회   125
   3. 우주적 차원의 교회   143

제3장 몰트만의 그리스도론과 교회론의 일치성과 괴리   156
   1. 그리스도론과 교회론의 일치성   157
   2. 몰트만의 그리스도론과 교회론의 괴리   171

제4장 결론   182
   1. 장점 및 공헌   182
   2. 한계 및 대안   192
   3. 한국 교회에 대한 제언   204

참고 문헌
   1. 몰트만의 주요 저서   208
   2. 단행본   209
   3. 편집 서적   209
   4. 학술지   210

저자 서문

　이 책의 목적은 몰트만의 그리스도론과 교회론의 상관관계를 밝히는 데 있다. 그리스도가 교회의 근거이며, 교회는 자신의 시대에 그리스도를 매개해 주어야 하는 사명이 있다. 이 작업이 신학의 역할이면서 동시에 교회의 역할이다. 오늘날 교회가 예수 그리스도를 분명하고 확고하게 이 시대의 사람들에게 매개해 주지 못한다면 기독교의 존재 자체에 문제가 발생한다.

　따라서 교회는 언제나 자신에게 주어진 시대 속에서 그리스도가 무엇을 하려고 하셨는가, '그리스도는 교회를 통해서 어떤 것을 이루고 싶으셨는가'라는 이 진지한 질문 앞에 서야 한다.

　21세기는 과거의 시대와는 많이 달라졌다. 외적 환경의 급격한 변화, 과학과 기술의 혁명적 진보, 사회적, 군사적, 생태학적 부분에 이르기까지 복잡하고 예측할 수 없는 시대로 접어들었다. 현대는 인간 중심적 사고에서 자연-우주 중심적 사고로 전환되고 있다. 그렇다면 당연히 교회의 신학도 우주를 포함해야 한다.

　하지만 여전히 교회의 선포 중심은 인간 중심이다. 따라서 그리스도론도 우주적으로 확대해야 하며 동시에 교회도 우주를 포함해야 한다. 변화된 상황 속에서 자신의 역할을 하지 못하는 교회는 위기를 맞을 수밖에 없다.

한편, 그리스도론이 우주적 그리스도론까지 확대되었을 때 오늘날 역사 속에 있는 교회는 우주적 그리스도론을 어떻게 담아낼 수 있을까라는 것이 관건이다. 그리스도는 우주적으로 확대될 수 있다. 하지만 교회는 역사 안에서 인간과 역사를 중심으로 활동할 수밖에 없다. 따라서 이런 가운데 필자는 우주까지 포함한 신학을 펼친 몰트만의 우주적 그리스도론과 여전히 역사 속에 있는 교회의 관계성을 새롭게 설정하려고 한다.

세상은 더욱 복잡하고 다양하게 변하고 우주까지 확장되는 이런 시기에 역사 속에 있는 교회는 그리스도의 교회로서 이 역사 가운데 자리매김할 수 있을까?

이런 질문에 가장 고민한 사람 중의 한 사람이 몰트만이다.

몰트만의 그리스도론에는 다양한 차원이 있다. 하나는 역사적 차원이고 또 다른 하나는 우주적 차원이다. 몰트만 신학의 전기에 나타난 그리스도론의 범주는 '역사'였다. 그러나 후기로 가면서 그의 그리스도론의 범주가 '우주'로 바뀐다. 그의 신학 초기 저작에는 우주라는 용어가 거의 없다.

후기로 갈수록 그의 신학 안에는 우주라는 용어가 주요 관심사를 이룬다. 그 이유는 생태계와 자연 현상이 변하고 있는데 역사를 중심으로 펼쳐지는 그리스도론으로는 한계를 가졌다고 판단했기 때문이다. 이 책을 통해 몰트만이 자신의 시대와의 대화를 통해 그리스도론으로 발전시켰다는 것을 알게 될 것이다.

한편, 이 책을 통해 몰트만이 교회론도 다양한 차원 즉 종교적, 역사적 그리고 우주적 차원으로 다루고 있다. 그의 교회론의 초기는 삼위일체론적 교회론이다. 즉, 그는 교회의 근본이신 그리스도론 위에 교회를 세우고. 종말론적 방향성을 가진 교회를 주장한다.

동시에 역사 속에 있는 교회는 성령의 능력 안에 있다는 것을 강조한다. 이때까지 그의 교회론은 그리스도가 계신 곳이 교회라는 분명한 명제를 갖고 역사 실천에 무게를 두었다.

하지만 후기로 가면서 자신의 그리스도론이 우주적으로 발전하게 됨에 따라 교회론도 우주까지 포함하려고 했다. 여기서 하나의 문제가 발생한다. 역사적 그리스도가 우주적 그리스도로 나아갈 때는 문제가 없다. 그러나 역사적 교회가 우주적 교회로 나아갈 때는 역사 속에 있는 교회와 우주적 그리스도를 조화시킬 수 있어야 한다.

왜냐하면, 역사 속에 있는 교회는 우주적 교회가 될 수 없기 때문이다. 우주적 교회가 될 수 없다면 우주적 그리스도를 이 역사 속에 있는 교회에 어떻게 조화시킬 수 있을지 해결해야만 한다. 이 둘의 조화가 중요한 문제이기에 몰트만의 그리스도론과 교회론의 상관관계를 연구하는 것이 이 책의 핵심 내용 중 하나다.

이 책을 통해 그리스도와 교회의 관계를 밝힌다. 여기서 우주적 그리스도론과 우주적 교회를 연결할 수 있을지 발견하게 될 것이다. 이 둘 사이는 일치하는 것도 있고 일치하지 않는 점도 있다. 하지만 이 책에서 필자는 이 둘의 조화를 찾을 것이다. 따라서 이 책은 크게 두 가지 방향을 갖고 쓴다.

첫째, 그리스도론과 교회론 모두 세 가지 차원이 있다는 것을 밝히고 그 중심에는 언제나 '그리스도'가 계심을 밝히는 것이다. 즉, 그리스도가 역사에서뿐 아니라 교회와 우주에서도 '그리스도'이심을 밝힌다.

둘째, 몰트만 사상을 통해 그리스도론과 교회론의 상관관계를 연구하는 것이다. 이 둘의 상관관계를 밝히게 되면 21세기 역사 안에 있는 교회의 정체성과 교회가 나아가야 할 방향성을 알게 될 것이다.

이 책은 4장으로 구성되어 있다.

제1장은 몰트만 그리스도론의 다양한 차원을 다룬다.
이 장을 통해 그리스도가 개인과 역사의 중심임이 드러나게 될 것이다. 동시에 몰트만의 그리스도론은 우주적 차원까지 발전한다는 것을 보게 된다. 그의 신학이 과거의 것을 되풀이하는 것이 아니라 점점 발전했다는 사실을 알게 될 것이다. 무엇보다도 중요한 것은 그리스도가 몰트만 신학의 핵심이며, 그리스도가 모든 것의 근거임을 알게 될 것이다.

제2장은 몰트만 교회론의 다양한 차원을 다룬다.
이 장에서 교회가 종교적 영역의 차원에서 존재하면서 종교적 기능을 하고 있다는 것과 사회-역사적 관계 속에 교회가 있다는 것을 알게 될 것이다. 더 나아가 그의 교회론이 우주적 지평으로 확대하고 있음을 보게 될 것이다.

제3장은 제1장에서 다룬 몰트만 그리스도론의 다양한 차원과 제2장에서 다룬 몰트만 교회론의 다양한 차원의 상관관계에 관한 내용을 다룬다.

몰트만의 그리스도론과 교회론은 역사 속에서는 일치성을 보인다. 다만 그의 그리스도론이 우주까지 확장했을 때 역사 속에 있는 교회가 몰트만이 주장한 우주의 그리스도를 포함할 수 있는가라는 문제가 발생한다. 이 둘 사이에는 괴리가 있음을 알게 될 것이다.

제4장은 결론 부분이다.

여기에서는 몰트만의 신학이 우주까지 그 범주를 넓힘으로 가지는 장점과 공헌이 무엇인지를 볼 것이다. 몰트만의 그리스도론이 우주적 그리스도론으로 넘어감으로 역사 속에 있는 교회의 관계에서 일어나는 한계를 드러낼 것이고 이어 필자가 주장하고 싶은 한계를 극복할 수 있는 대안을 제시할 것이다.

또한, 한국 교회에 관해서도 제언하고자 한다.

결국, 신학은 교회를 위해서 봉사해야 하며 교회는 세상을 위해 존재해야 한다. 교회를 떠난 신학은 이론에 불과하며 죽은 신학이 될 뿐이다. 교회가 시대에 바른 응답을 하려면 반드시 시대에 필요한 신학이 있어야 한다. 몰트만의 신학에 나타난 그리스도론과 교회론의 상관관계를 통해 공헌과 한계를 확인하고 그 대안을 제시함으로 오늘날 한국 교회가 바람직한 교회로 그 방향이 설정되기를 기대한다.

21세기는 우주에 인간 외 새로운 지적 존재의 가능성이 확인되는 시대가 될 것으로 예측한다.[1] 이런 일이 일어나게 되면 앞으로 다가올 우주 시대는 더 다양하고 복잡한 문제가 발생하게 될 것으로 판단된다. 이 분야에 관한 연구는 계속 활발하게 진행되어야 할 것이다.

---

1 김동건, "현대신학의 흐름과 전망", 『21세기 신학의 과제』 (서울: 대한기독교서회, 2006), 40-41.

끝으로 이 책은 2020년 2월 영남신학대학교에서 신학 박사 학위 논문 "몰트만의 신학에 나타난 그리스도론과 교회론의 상관관계 연구: 역사적 차원과 우주적 차원을 중심으로"를 수정 보완해 출판한 책이다. 이 책이 나오기까지 사랑과 기도로 함께해 준 동촌제일교회 성도님들과 지금까지 기도와 물심 양면으로 도와주신 부모님과 곁에서 묵묵히 기다려 주고 응원해 준 아내와 두 아들(희원, 형원)에게 감사드린다.

무엇보다도 이 책은 하나님 나라와 한국 교회를 위한 헌신을 자신의 소명으로 받고 지금까지 부족한 사람을 사랑과 눈물로 지도하신 김동건 교수님의 헌신의 열매임을 고백한다. 진심으로 감사드린다.

2022년 8월

하나님 나라가 이 땅 가운데 이루어지기를 소망하며

장 성 운

제1장

몰트만 그리스도론의 다양한 차원

몰트만 신학은 삼위일체 틀 속에서 전개된다. 하지만 그의 신학 중심은 언제나 그리스도. 그는 "십자가에 달린 예수"만이 기독교 신학의 내적 기준이고 기독교적이라고 강조한다. 또한, 그는 그리스도를 기독교를 증명하는 모든 것으로 본다.[1] 이런 측면에서 몰트만 신학은 삼위일체의 틀 속에 있지만 그리스도 중심의 신학이라고 할 수 있다. 김도훈은 그리스도론이 없는 몰트만 신학은 있을 수 없다고까지 평가한다.[2]

몰트만 신학의 중심인 그리스도론은 크게 두 가지 차원으로 나뉘어진다.

첫째, 역사적 차원이다.

둘째, 우주적 차원이다.

---

1 위르겐 몰트만, 김균진 역, 『십자가에 달리신 하나님: 기독교 신학의 근거와 비판으로서의 예수의 십자가』 (충남: 한국신학연구소, 2000), 12.
2 김도훈, "몰트만의 그리스도론의 방법론적 특성", 「장신논단」 21호(2004)..

역사적 차원과 우주적 차원으로 나누어지게 되는 것은 그의 그리스도론이 초기에서 후기로 가면서 변천했기 때문이다. 초기 저서는 『희망의 신학』(1964), 『십자가에 달리신 하나님』(1972)와 『성령의 능력 안에 있는 교회』(1975)이고 후기 저서는 『삼위일체와 하나님의 나라』(1980)와 『창조 안에 계신 하나님』(1985)이다.

전기와 후기 사이에는 분명한 변화가 있는데 그것은 강조점의 변화다.[3] 초기 저서에는 우주적이라는 용어를 잘 사용하지 않는다. 그는 세계 곳곳을 다니면서 다양한 세계를 체험하면서 독일 교회의 한계를 깨닫게 되고 이후부터 그의 신학은 우주를 포함한 신학으로 발전하게 된다. 그의 신학은 점점 더 넓은 세계로 확장하게 된다. 따라서 몰트만의 그리스도론은 두 가지 차원 즉 역사적 차원과 우주적 차원으로 나누어 생각해야 한다.

역사적 차원은 세부적으로 다시 두 가지로 나뉜다.

첫째, 개인적 차원이라고 할 수 있는 종교 내에서 다루는 그리스도론이다. 개인적 차원이란 종교적 영역, 즉 가시적 교회의 영역에서 다루어지는 그리스도론이다.

둘째, 우리가 살아가는 이 역사 안에서 다루는 그리스도론이다.

한편, 몰트만은 후기로 가면서 우주를 강조하고 우주적 차원의 그리스도론을 펼친다. 그는 '역사적 그리스도론'을 넘어서서 우주의 그리스도론을 발전시키는 것이 그리스도의 일로부터 필연적인 일이

---

3   Donald Macleod, "The Christology of Jürgen Moltmann", *Themelios*(1999), 35.

되었다고 판단한다.⁴ 따라서 그는 그리스도론을 역사적 그리스도론의 한계를 넘어선 우주적 그리스도론에 이르게 했다.⁵

몰트만이 사용하는 우주적이라는 말은 코스모스(COSMOS)가 아니라 자연을 말한다. 따라서 몰트만이 말하는 우주적 그리스도론을 다른 말로 자연적 그리스도론이라 칭한다. 이런 의미에서 크게 몰트만의 그리스도론은 역사적 차원과 우주적 차원으로 나눈다.

1. 개인적 차원의 그리스도

개인적 차원의 그리스도란 종교적 영역 안에서 나타난 그리스도라는 뜻이다. 좀 더 정확하게 말한다면 가시적 교회 안에서 인간을 위한 그리스도를 의미한다.

몰트만은 교회를 "하나님의 백성"이라고 정의하면서 동시에 "사람들에게 빚진 자"라고 말한다.⁶ '사람들에게 빚진 자'라는 이 정의에 관해 그는 "헬라인이나 야만인이나 지혜 있는 자나 어리석은 자에게 빚진 자"(롬 1:14)를 인용해 모든 사람에게 빚진 자를 뜻한다고 말한다. 교회가 '하나님의 백성'이라는 정의는 가시적 교회 안에서 그리스도는 인간을 위한 그리스도라는 점을 알게 한다.

---

4 위르겐 몰트만, 김균진 김명용 역, 『예수 그리스도의 길: 메시아 차원의 그리스도』, 383.
5 위의 책, 383.
6 위르겐 몰트만, 박봉랑 외 4인 역, 『성령의 능력 안에 있는 교회: 메시아적 교회론』(서울: 한국신학연구소, 2001), 15.

지금까지 기독교는 인간 중심적 그리스도론이었다. 사실상 교회는 인간 중심적일 수밖에 없다. 구원도 인간 중심으로 펼치고 있다. 모든 것이 인간에게 초점이 맞추어져 있다.

그리스도가 인간 중심적이 된다면 그리스도는 종교적 영역 안에서만 머물게 되고, 결국 인간만을 위한 그리스도로 한정시키게 된다. 이런 인간 중심적 그리스도는 종교적 영역에서, 특별히 개인적 영역 안에 갇히게 된다. 지금까지 기독교가 이런 제한된 그리스도론을 주장했기에 교회들이 한계에 부딪히게 되었다. 몰트만은 종교적 영역에 있는 그리스도론을 극복하기 위해서 후기로 가면서 우주적 차원의 그리스도론으로 확장했다.

이런 측면에서만 보면 몰트만은 자신의 그리스도론을 개방된 그리스도론, 확장된 그리스도론을 펼치는 것처럼 보인다. 그의 그리스도론은 후기로 가면서 가시적 교회의 울타리를 벗어나 우주의 그리스도론으로 확장한 것은 맞다. 하지만 그의 저서 곳곳에 여전히 우주적 그리스도론뿐만 아니라 인간을 위한 그리스도론을 강조하고 있다.

그의 저서인 『예수 그리스도의 길』에서 저술의 목적을 밝히는데 하늘에 관한 영원한 그리스도론이 아니라 오히려 역사 안에서 갈등하며 그 속에서 길을 걷고 있는 인간들 더 나아가 자신의 인생에 있어서 방향을 찾고 있는 인간을 위한 그리스도론이란 것을 강조한다.[7]

몰트만이 우주적 그리스도론을 확장한 것은 맞지만, 역사 속에서 길을 찾는 인간을 위한 그리스도론을 주장했음을 알 수 있다. 이 주

---

7 위르겐 몰트만, 김균진·김명용 역, 『예수 그리스도의 길: 메시아 차원의 그리스도』, 9.

장을 위해 그는 그리스도의 현존을 강조한다. 그 이유는 그리스도가 현존하시는 그곳을 교회로 보았기 때문이다. 그는 그리스도가 없는 곳을 교회라고 생각하지 않았다. 이런 그의 생각은 그동안 건물이나 예배 그리고 직제가 있으면 교회라는 인식을 완전히 바꾼 것이다.

그는 종교적 형태를 갖춘 곳을 교회라고 말하는 것이 아니라 그리스도가 현존하시는 곳이 교회라는 명제를 주장한다. 하지만 그가 주장한 그리스도의 현존 형태를 살펴보면 그 속에 그리스도가 인간을 위한 그리스도임을 드러내고 있다.

몰트만이 주장하는 그리스도의 현존 장소는 어디인가?

그는 그리스도의 현존 자리를 예수 그리스도가 현존하겠다고 약속하신 그 자리에 유일하게 계시고 실제로 현재하신다고 말한다.[8]

몰트만은 그리스도가 약속한 현존의 자리를 세 가지로 본다.

첫째, 사도직 안에서

둘째, 가난한 사람들 속에서

셋째, 그리스도의 파루시아 안에서[9]

'사도직 안에서'라는 말의 의미는 말로써 선포하는 사람만을 말하지 않는다. 사도들이 선포하는 매개체인 말씀과 성례전도 포함하고 있다.[10] 몰트만은 '가난한 자들 속에서 현존한다'라는 그리스도의 약

---

8 위르겐 몰트만, 박봉랑 외 4인 역, 『성령의 능력 안에 있는 교회: 메시아적 교회론』, 183.
9 위의 책, 183-184.
10 위의 책, 184.

속을 주목한다. 그는 공관복음서에서 예수의 역사를 메시아의 사명에서 서술하고 있다고 보았다. 공관복음에서 예수는 가난한 자들에게 복음을 전하셨고 마침내 사람들을 회개하도록 이끄셨다.[11] 인간을 위한 그리스도라는 측면을 공관복음서를 통해 드러낸 것이다.

물론 몰트만이 말하는 "가장 작은 형제들"이란 가난하고 박해받은 기독교인들만을 의미하는 것은 아니다. 그는 가난하고 박해받은 자들을 확장시킨다. 세계 어디에서든지 목마르고 주린 자들, 헐벗고 옥에 갇혀 살아가는 사람들, 병들고 연약한 인간들을 의미한다고 말한다.[12] 몰트만은 분명 세계 곳곳에 있는 모든 인간을 말하는 것이다.

모든 인간이라고 할 때 교회 밖에만 한정된 것이 아니라, 교회 안에도 포함된다. 따라서 몰트만의 그리스도론은 단순히 역사, 우주적 차원의 확장만 주장하는 것이 아니다. 물론 교회 외부까지 확장하지만, 교회 내 즉 종교적 영역 안에서 인간을 위한 그리스도라는 사실을 부인하지는 않는다.

1) 몰트만의 인간 이해

인간을 위한 그리스도론은 우선적으로 그리스도와 인간과의 관계를 밝혀야 한다. 그는 인간을 두 가지 관계 안에 있는 존재로 본다. 하나는 '하나님과의 관계 안에 있는 인간'이고 또 다른 하나는 '피조물과의 관계 안에 있는 인간'이다. 이때 인간은 창조의 사귐 속에서 사라져서

---

11 위의 책, 119.
12 위의 책, 188.

도 안 되고 이 사귐으로부터 분리되어서도 안 된다고 보았다.[13]

신옥수는 몰트만의 구원론 구조의 기본 토대에 관해 하나님의 형상으로서의 인간과 죄인으로서의 인간에 관한 통전적 이해를 하고 있다고 보았다.[14]

(1) 하나님과 관계 안에 있는 인간

성경은 인간을 하나님의 형상대로 지음 받은 존재로 말씀한다. 몰트만은 이 말씀에서 먼저 창조된 사람에 관한 것이 아니라[15] 사람과 특별한 관계를 맺으시는 하나님에 관해 주목해야 한다고 말한다. 신학적으로 말해 인간의 하나님 형상성은 그의 특성에 근거하기보다는 오히려 인간과 하나님의 관계성에 근거한다. 그는 이런 인간의 하나님과의 관계성을 이중적으로 보는데 하나는 인간에 관한 하나님의 관계성이고 또 다른 하나는 하나님에 관한 인간의 관계성이다.

몰트만은 인간의 객관적 하나님의 형상성은 인간에 관한 하나님의 관계성 안에 존재한다고 말한다.[16] 하나님의 형상은 "사람에 관한 하나님의 관계"이고 그다음이 "하나님에 관한 사람의 관계"다. 인간과 하나님의 관계성을 이중적으로 보는 이유는 사람의 본질은 사람에 관한 하나님의 관계로부터 생성하며 이 관계에 있다고 보았기 때문이다.[17] 몰트만은 인간에 관한 존재론적 하나님의 형상을 연구하

---

13 위르겐 몰트만, 김균진 역, 『창조 안에 계신 하나님: 생태학적 창조론』(서울: 한국신학연구소, 1986), 279.
14 신옥수, "몰트만의 통전적 구원론", 129.
15 위의 책, 319.
16 위르겐 몰트만, 곽미숙 역, 『세계 속에 있는 하나님: 하나님 나라를 위한 공적인 신학의 정립을 지향하며』(서울: 도서출판 동연, 2009), 126.
17 위르겐 몰트만, 김균진 역, 『창조 안에 계신 하나님: 생태학적 창조론』, 320.

는 것에 부정적인 견해를 보이고 오히려 철저히 관계성 속에서 인간의 하나님 형상론을 다루었다.[18]

몰트만은 인간에 관한 하나님의 관계성으로부터 출발함으로 하나님의 형상을 속성의 측면에서 보지 않는다. 즉, 하나님 형상은 다른 피조물들로부터 구별하는 다른 속성에 있지 않다고 생각한다. 그는 하나님의 형상은 그의 '현존'과 관련이 있다고 보았다. 그런 의미에서 그는 그리스도의 현존을 주장한다. 이런 생각 속에 몰트만은 모든 현존에 계신 하나님의 형상은 영혼뿐만 아니라 사람 전체가 개인을 넘어서 자연과 결합되는 즉 인류가 하나님의 형상으로 그리고 하나님의 영광이라고 말한다.[19]

하지만 그는 세계에 대해서는 신의 창조물로 하나님의 형상은 아니라고 분명히 밝힌다.[20] 창조 신앙은 모든 것을 하나님의 창조물로 보지만 인간은 하나님의 형상이라고 말한다.[21] 그에게는 사람만이 하나님의 형상인 것이다. 몰트만은 동물들이나 천사를 그리고 자연에서 움직이는 힘들이나 운명의 힘들을 하나님의 형상이나 계시로 경외하거나 숭배해서는 안 된다고 말한다. 그 이유는 몰트만이 하나님의 유일한 형상을 인간이라고 보았기 때문이다.[22]

몰트만에 따르면 하나님의 형상 개념은 사람의 본래적 규정이다.[23] 즉, 하나님의 형상으로 지음 받은 인간은 다른 피조물과 달리 특수한

---

18 임홍빈, "몰트만에게서 인간과 자연의 관계", 「신학연구」 46 (2004), 169.
19 위르겐 몰트만, 김균진 역, 『창조 안에 계신 하느님: 생태학적 창조론』, 320.
20 위르겐 몰트만, 전경연, 김고광 역, 『인간: 현대의 갈등 속에 기독교 인간학』 (서울: 향린사, 1986), 130.
21 위의 책, 129.
22 위르겐 몰트만, 김균진 역, 『창조 안에 계신 하느님: 생태학적 창조론』, 320.
23 위의 책, 315.

지위가 있다는 것이다.[24] 인간은 하나님의 형상으로 지음 받은 존재이므로 다른 피조물과 구별된다. 하나님의 형상으로서의 인간은 말씀으로 만들어진 것이 아니라 창조의 마지막 사역으로 하나님의 특별한 결단으로부터 생성되었다.

하나님은 "우리가 사람을 만들자"라고 말씀하신 뒤 인간을 만드셨다. 이는 특별한 결단으로 생성된 인간에 관한 하나님의 '자기 요구'다.[25] 이는 결단의 주체가 하나님 자신으로 스스로 자기 자신에게 있어서 활동했다는 뜻이다. 하나님은 다른 존재에게 활동하기 전에 먼저 '자기를' 결단하신 것이다. 하나님 자신의 요구에 따라 인간을 만드셨다. 자기 형상으로 인간을 만드신 것은 하나님 최초의 '자기 낮추심'이다.[26]

여기서 몰트만은 하나님 형상으로서 인간은 땅 위에서 하나님을 대리하는 대리자이며, 그를 닮음으로써 하나님의 영광을 반사한다고 말한다.[27] 이 관계성 속에 있는 하나님 형상은 두 가지 측면이 있는데 하나는 대리하는(Vretreten) 측면이고 또 다른 하나는 반사하는(Reflektieren) 측면이다.[28] 인간이 하나님 형상으로 창조된 이유는 대리와 반사를 통해 하나님의 영광을 드러내게 하려고 했기 때문이다.[29]

한편 몰트만은 하나님의 관계성 속에 있는 인간을 주장함으로 초대 교회의 신학을 지배했던 영혼의 "정신화"와 몸의 "물질화"의 생

---

24 위르겐 몰트만, 전경연, 김고광 역, 『인간: 현대의 갈등 속에 기독교 인간학』, 129.
25 위르겐 몰트만, 김균진 역, 『창조 안에 계신 하느님: 생태학적 창조론』, 315.
26 위의 책, 316.
27 위의 책, 318.
28 임홍빈, "몰트만에게서 인간과 자연의 관계", 169.
29 위르겐 몰트만, 김균진 역, 『창조 안에 계신 하느님: 생태학적 창조론』, 329-330.

각을 극복하려고 했다. 즉, 그는 관계성을 통해 "영혼의 지배"의 경향에서 벗어나려고 했다.[30] 하나님과 인간의 관계에 대해 서방 교회는 몸을 지배하는 영혼의 본성 구조(psychological Analogy)에 치중했기 때문에 어거스틴과 아퀴나스 전통에 따라 영혼만 하나님의 형상이라고 주장한 것이다.[31]

하지만 몰트만은 이런 전통에서 벗어나 몸과 혼과 영을 가진 '전체의 사람'을 하나님의 형상으로 본다. 따라서 '몸의 부활'과 '새 땅'을 기다리는 사람들은 몸이 영혼의 지배를 받는다는 생각은 있을 수 없다.[32] 성경의 전통에 따르면 신체성은 '하나님의 창조 사역들'의 종점이다.

그는 하나님의 모든 사역의 마지막 종착지가 "신체성"이라면, 사람의 몸은 삶의 아무것도 아닌 한 형태나 형식으로 생각될 수 없다고 보았다. 또한, 목적을 위한 수단 정도로도 생각될 수도 없고 극복되어야 할 대상으로도 이해될 수 없다고 말한다. "신체성"은 하나님의 사역들에 있어서 인간에게는 가장 높은 목적이고 인간의 모든 사역이 도달해야 할 종점이다.[33]

이렇듯 "전체의 사람"을 하나님의 형상으로 이해했기 때문에 "사람의 사귐"도 하나님의 형상으로 생각한다. 이 주장 속에 몰트만은 사람의 현실적인 '사귐' 곧 성의 사귐과 세대들 사이의 사귐도 하나님의 형상이라는 것까지 발전한다.[34] 삼위가 서로 사귐의 관계를 유

---

30 위의 책, 346.
31 서창원, "현대 신학적 인간론 하나님의 형상 이해", 「신학과 세계」 46 (2003), 259.
32 위르겐 몰트만, 김균진 역, 『창조 안에 계신 하느님: 생태학적 창조론』, 346.
33 위의 책, 351-352.
34 위의 책, 346-348.

지하듯, 인간은 전체적 인간 안에서 일체되는 사귐의 차원을 유지하며 남성과 여성의 관계에서도 사귐의 차원이 유지된다는 것이다.[35]

더 나아가 그는 남자와 여자의 차별이 있는 것에 대해 말하기를 사람이 하나님의 형상이라고 한다면 남자와 여자의 '성적 구별'에 있어서도 하나님의 형상임을 강조한다. 따라서 그는 하나님께서 땅 위에 있는 그의 형상을 '남자와 여자로' 지으셨다면, 남자와 여자의 이 근원적 차이는 예속적이며 신체적 차이가 아니라 중심적이고 인격적 차이일 뿐이라고 말한다.[36]

몰트만에 있어 남녀는 구별되면서 동시에 하나의 인간 또는 하나의 하나님 형상이다.[37] 그들의 사귐 속에서 하나님의 내적 본질의 형상으로도 사람을 이해할 수 있었다. 이런 사귐에서 아버지와 아들과 성령의 창조와 구원이 사람 속에 나타난다.[38]

한편 몰트만은 인간이 죄 때문에 그 존재를 상실한 것으로 본다. 그는 인간이 죄 때문에 하나님의 형상이 상실되었다면 사람의 존재도 상실되었다는 것이다.[39] 인간의 하나님에 관한 관계는 하나님의 결단에 의한 것이고, 하나님 자신에 의해서 창조된 것이므로 인간은 하나님에 관한 관계에서 주관적 관점에서 볼 때 전적으로 죄인이다. 하지만 하나님의 인간에 관한 관계에서 객관적으로는 하나님의 형상

---

35 노영상, "인간 중심적 생태신학, 신 중심적 생태신학, 생태 중심적 생태신학의 통합으로써의 삼위일체론적 생태신학(Trinitarian Ecotheology)",「장로교회와 신학」제7호 (2010), 101.
36 위르겐 몰트만, 김균진 역,『창조 안에 계신 하느님: 생태학적 창조론』, 346.
37 서창원, "현대 신학적 인간론 하나님의 형상 이해", 259.
38 위르겐 몰트만, 김균진 역,『창조 안에 계신 하느님: 생태학적 창조론』, 348.
39 위의 책, 331.

이라고 주장한다.[40] 그 이유는 사람은 하나님의 형상으로 창조되었기 때문이라고 보았다.[41]

어떻게 인간이 전적으로 죄인이면서 객관적으로는 하나님의 형상이 되는가?

이 문제를 해결하기 위해 그는 인간을 하나님 역사의 관계 안에서 이해할 때만 가능하다고 여긴다. 즉, 하나님은 자기의 형상인 관계를 자기 속에서 사람과 맺으신다는 것이다. 다시 말해 몰트만은 인간의 죄는 하나님에 대한 관계를 전도시킬 수는 있으나 인간에 대한 하나님의 관계는 파괴할 수 없다고 말한다.[42] 인간 자체는 전적으로 죄인이지만, 하나님과의 관계에서 여전히 인간은 하나님의 형상이기 때문이다.

몰트만은 사람은 전적 죄인이기에 사람의 존재를 상실했지만, 모든 사람은 삶의 계획과 운명 그리고 양식을 갖고 명백한 해답을 추구하는 존재라고 말한다.[43] 즉, 자신을 향해 물을 수 있는 존재가 인간이라는 의미다. 이런 측면에서 인간은 다른 모든 것과 차이를 가진다.[44]

자신을 향한 질문 속에서 인간은 자신이 묻는 자이면서 동시에 자기 자신이 질문을 받는 자라는 사실을 알게 된다. 인간은 모든 해답을 자기 자신에게 주거나 다른 사람들에 의해 주어진다고 해도 불충분하다는 점을 깨닫게 된다. 이때 인간은 자기를 바르게 인식하기 위해 자기 자신의 배후로 가고 싶어 한다. 그렇지만 몰트만은 말한다.

---

40 서창원, "현대 신학적 인간론 하나님의 형상 이해", 263.
41 위르겐 몰트만, 김균진 역, 『창조 안에 계신 하느님: 생태학적 창조론』, 332.
42 위의 책, 336.
43 위르겐 몰트만, 전경연, 김고광 역, 『인간: 현대의 갈등 속에 기독교 인간학』, 8.
44 위의 책, 11.

몰트만은 인간이 자신의 배후로 가고자 해도 해답의 가능성이 더 늘어나게 되고 더욱 수수께끼가 된다고 한다.[45]

인간이란 무엇인가라는 이 질문은 언제나 비교의 문제다. 그 비교 대상은 동물과 다른 사람과의 신성이다.[46] 자연 과학적 인간학은 생물학적 정보를 통해 인간을 다른 동물과 비교 대조해 인간을 탐구한다. 이런 생물의 제 현상을 통해 인간의 위치를 설정한다.[47]

몰트만은 동물과 비교를 통해서 인간은 충동에 얽매이며 본능이 몸에 배여 있다는 것을 알게 된다고 한다. 이런 비교를 통해 동물과 같은 생활 질서가 없음을 인간은 발견하게 된다는 것이다. 여기서 더 나아가 인간은 힘들여 적응해야 하는 사물들이 있음을 연이어 알게 된다고 본다.[48]

이때 인간은 외계에 관한 피난처도 가지지 못하고 본능적으로 안전을 보장하는 힘도 결여되어 있음을 알고 언어와 문화에 의해 주위 세계를 건설한다. 이렇게 동물과의 비교를 통해 인간은 스스로 불완전한 생물이면서 동시에 문화를 창조하는 생물이라는 사실을 알게 된다.[49]

몰트만은 신성과의 비교에서 인간은 숙명과 운명에 관한 종교적 발언들, 즉 우리가 신학, 형이상학, 문학에서 얻는 종교적 인간학들이 생겨난다고 말한다.[50]

---

45 위의 책, 12.
46 위의 책, 14.
47 서창원, "현대 신학적 인간론 하나님의 형상 이해", 255.
48 위르겐 몰트만, 전경연, 김고광 역, 『인간: 현대의 갈등 속에 기독교 인간학』, 14
49 위의 책, 14-16.
50 위의 책, 23.

(2) 피조물과 관계 안에 있는 인간

'근대 인간학'은 사람을 세계의 중심으로 보고, 세계는 사람 때문에 그리고 사람의 유익을 위해서 창조되었다는 세계상을 가지고 있었다. 하지만 현대에 들어오면서 학문은 단순한 인간 중심주의를 폐기하게 된다.[51] 특히, '현대 우주학'은 우주의 무한한 공간 안에서 그리고 수없이 많은 별 가운데서 인간을 향해 과연 인간은 우주 가운데 무엇인가라는 질문을 던진다.

'현대 생물학'은 인간이라는 종이 등장했다가 사라질 수 있는 종들의 진화과정으로 본다. '현대 심리학'은 사람이 이성과 의지를 갖고 있다는 점에 주목한다. 이때 인간의 자기의식 아래에 있는 무의식적인 것, 인식되지 않은 어떤 충동들 그리고 원하지 않는 억압들의 세계들이 있다는 것을 알게 된다. '현대 심리학'에서는 과연 이런 인간이 자기 집의 주인인가, 아니면 의식되지 않는 세계의 장난감에 불과한가라는 질문을 낳았다.[52] 이렇듯 인간 존재에 관한 다양한 학문의 발전은 인간 중심성에서 벗어나게 했다.

몰트만은 학문의 발전이 이루어지고 있음에도 근대 그리스도의 인간학은 여전히 우주에 있어서 인간의 특별한 위치를 정당화시키는 데에만 초점을 맞추었고 인간이 가진 창조의 사귐을 통찰하는 것을 참고하지 않았다고 말한다. 그는 이런 인간 이해는 반쪽짜리에 불과하다고 보았다.[53] 인간에 관한 반쪽 이해는 결국 자연을 지배하는 구조를 가지게 된다. 그는 하나님의 형상에 따라 지음을 받았다는 개념

---

51 위르겐 몰트만, 김균진 역, 『창조 안에 계신 하느님: 생태학적 창조론』, 273.
52 위의 책, 274.
53 위의 책,

이 자연을 지배할 수 있는 '지배 이데올로기'가 되어서는 안 된다고 주장한다.[54]

몰트만은 인간의 존재를 포괄적으로 이해하기를 원했다. 인간에 관한 포괄적 이해를 위해 그는 두 가지 관계에서 시작한다. 하나는 인간이 세상에서 살아가는 관계들이고 또 다른 하나는 자연환경들과의 관계다. 그는 가장 먼저 신학적으로 인간은 창조의 사귐 속에 있는 피조물이라고 말한다.[55] 이것의 의미는 피조물들이 인간 속에서 현존하고 있고 인간은 다른 피조물들에 의존하고 있다는 것이다. 몰트만은 이런 관계 안에 있는 인간을 '세계의 형상'(imago mundi)이라고 말한다.[56]

그는 이런 주장의 근거로 창조 기사를 든다. 우선 그는 구약성경에서 창조 기사를 살핀다. 창조에서 인간은 다른 피조물들 가운데 한 피조물에 불과하다. 하지만 그는 창조 기사에서 보여 주는 인간은 창조의 역사 속에 가장 나중에 등장한다는 것에 주목한다.

여기서 인간은 모든 창조 중에 마지막 피조물인 동시에 최고의 피조물로 본다.[57] 최고의 피조물이라고 하는 것은 계급적 의미에서 지배자로서의 위치를 말하는 것이 아니라 인간은 다른 자연 사물들과의 관계 속에서 최고로 발전된 피조물을 의미한다.[58] 몰트만은 마지막 피조물인 인간도 다른 모든 피조물에 의존해 있다는 것을 강조하고

---

54 노영상, "인간 중심적 생태신학, 신 중심적 생태신학, 생태 중심적 생태신학의 통합으로써의 삼위일체론적 생태신학", 101.
55 위르겐 몰트만, 김균진 역, 『창조 안에 계신 하느님: 생태학적 창조론』, 275.
56 위의 책, 279.
57 위의 책, 275-276.
58 임홍빈, "몰트만에게서 인간과 자연의 관계", 166.

다른 피조물이 없다면 그의 실존은 불가능하다고 여긴다.[59]

몰트만은 이것을 입증하기 위해서 구약성경의 두 번째 창조 기사를 인용한다. 두 번째 창조 기사에서 인간인 아담은 땅의 피조물이기에 땅과 결부되어 있으며, 죽으면 땅속으로 돌아가게 된다. 영은 히브리어로 '숨'을 뜻하기에 인간과 동물은 숨 쉬는 피조물로서 함께 공기에 의존하고 있고 공기를 마시며 살아가는 존재다.[60]

또한, 인간은 삶을 살기 위해서는 음식에 의존해야 하며 다른 동물과 마찬가지로 생육하고 번성하도록 축복받은 존재다.[61] 반면 인간은 수명을 다하면 자연으로 돌아가게 되고 자연의 유지를 위한 거름으로 사용된다. 즉, 인간은 자연의 순환계에 참여하고 자연의 순환 속에서 생성되고 발전하는 것이다.[62] 몰트만은 인간과 피조물이 서로 의존하고 있다는 것을 두 번째 창조 기사를 통해 주장한다.

그렇다면 인간과 동물의 결정적 차이가 있는가?

여기에 대해 몰트만은 하나님의 피조물인 인간은 창조 가운데에서 모든 피조물과 달리 특별한 존재로 본다.[63] 그 이유는 다음과 같다.

첫째, 인간이 동물의 이름을 언어로 부르고 인간이 부르는 대로 동물은 그 이름을 가지게 되었기 때문이다.

---

59 위르겐 몰트만, 김균진 역, 『창조 안에 계신 하느님: 생태학적 창조론』, 276.
60 위의 책, 276-277.
61 위의 책, 277.
62 임홍빈, "몰트만에게서 인간과 자연의 관계", 167.
63 위르겐 몰트만, 김균진 역, 『창조 안에 계신 하느님: 생태학적 창조론』, 277.

둘째, 인간은 동물과 달리 도움을 필요로 하는 사귐의 존재이기 때문이다.[64] 그는 "사람이 혼자 있는 것이 좋지 않으니 그의 일을 거들 짝을 만들어 주리라"(창 2:18)는 말씀을 인용한다. 이 말씀은 사람에 대해서만 말하고 있다.

셋째, 인간은 단순히 피조물로서의 인간을 넘어선 존재이기 때문이라고 본다. 인간은 '하나님의 형상'으로서 창조 안에서 하나님을 대리하고 그를 대변한다.[65] 즉, 인간의 창조를 다른 피조물들과의 연관에서 볼 때 인간은 다른 모든 피조물과 의존적으로 존재하고 있으면서도 다른 피조물을 대변하는 입장에 있다.[66]

인간은 그들을 위해 살고, 그들을 위해 말하고 그들을 위해 행동한다. "세계의 형상"으로서 인간은 "제사장적 피조물"이요 "성만찬적 존재"이며 하나님 앞에서 창조의 사귐을 책임진다는 것이다. 이런 의미에서 몰트만은 인간을 땅 위에 있는 하나님의 대리자로 본다.[67]

"인간은 자연 일부인가 아니면 인격인가"라는 질문이 일어날 수 있다. 이 질문에 관한 몰트만의 대답은 하나님은 인간을 자연의 일부로 창조한 것이 아니라는 입장이다. 하나님은 창조주로서 언제나 자연과 마주 보고 서 계시는 분이다. 이때 하나님은 인간을 하나님의 형상으로서 보이는 창조물들과 마주하게 했고 또한 하나님은 인간을 자신에게 마주하게 하셨다고 말한다.

---

64 위의 책, 277.
65 위의 책.
66 황돈형, "몰트만과 그의 신학: 희망과 희망 사이; 몰트만의 인간 이해", 「한국조직신학논총」 12권(2005), 151.
67 위르겐 몰트만, 김균진 역, 『창조 안에 계신 하느님: 생태학적 창조론』, 279.

이것은 하나님께서 인간을 하나님과 피조물 앞에 마주 서 있는 존재로 만드셨다는 것을 의미한다. 여기서 하나님은 인간을 이 땅 위에서 하나님 앞에 책임적 인격이 되게 하셨다.[68] 하나님은 인간을 자연의 일부가 아니라 인격이 되게 하셨다.

몰트만은 하나님께서 인간에게 다른 피조물들에 관한 특별한 책임적 사명을 부과하신 것으로 본다.[69] 인간은 세계에 관한 지배자가 아닌 관리자요 생태적 책임을 지닌 하나님의 대리자다.[70] 따라서 그는 인간이 자연에 관한 책임성이 있다고 말한다.

인간이 하나님에 의해 부름 받은 인격들이라면 하나님의 약속에 관한 그의 희망이 성취될 때까지 어느 곳에서나 자기 자신에 관한 책임을 져야 한다.[71] 몰트만은 인간이 이 땅 위에서 하나님의 형상이기에 땅을 훼손하는 사람은 하나님을 훼손하는 것으로 보고 이 땅을 보호해야 할 책임이 있다고 말한다.[72] 이런 자연에 관한 인식들이 몰트만 신학을 우주적 차원으로 나아가게 하는 하나의 원동력이 되었다.

---

[68] 위르겐 몰트만, 곽미숙 역, 『세계 속에 있는 하나님: 하나님 나라를 위한 공적인 신학의 정립을 지향하며』, 121.
[69] 위의 책.
[70] 신옥수, "몰트만의 통전적 구원론", 130.
[71] 위르겐 몰트만, 곽미숙 역, 『세계 속에 있는 하나님: 하나님 나라를 위한 공적인 신학의 정립을 지향하며』, 122.
[72] 위의 책, 161-162.

2) 인간과 그리스도의 관계

(1) 인간의 원상이신 그리스도

몰트만에 따르면 그리스도는 보이지 않는 완전한 하나님의 형상이다. 그는 그리스도가 부활해 하나님의 영광으로 높임을 받게 되시므로 그리스도는 땅 위에 있는 하나님의 형상이라고 말한다. 이에 대해 황돈형은 예수 그리스도의 부활의 빛 가운데 하나님의 형상이 드러난 것이라고 말한다.[73] 하나님은 사람을 '그의 형상'으로 지으셨다.

이 말 속에는 하나의 원상(原狀)이 하나님 안에 전제되어 있는 것이다. 사람을 그의 형상으로 지었다는 것은 하나님은 이 원상에 의해 인간을 초상(肖像)으로 창조하셨다는 뜻이다.[74]

몰트만은 신약성경 안에 이런 그리스도론이 전제되어 있다고 본다. 즉, 하나님의 아들이신 그리스도는 신자들이 '닮아야' 할 처음 태어나신 분이며, 그리스도의 형상은 그리스도를 통해 중재된 하나님의 형상이라는 뜻이다.[75] 그의 주장은 그리스도가 인간의 원상이라는 의미다.

몰트만은 그리스도를 땅 위에 보이지 않는 하나님의 형상으로 보았다. 인간은 그리스도와의 사귐 속에서 하나님이 규정하신 바의 존재가 되는 것이다.[76] 이때 그리스도론은 인간의 완성으로 이해될 수 있으며, 인간은 그리스도론의 준비가 된다.[77] 따라서 인간은 그리스

---

[73] 황돈형, "몰트만과 그의 신학: 희망과 희망 사이; 몰트만의 인간 이해", 160.
[74] 위르겐 몰트만, 김균진 역, 『창조 안에 계신 하느님: 생태학적 창조론』, 317.
[75] 위의 책.
[76] 위의 책, 326.
[77] 위의 책, 317-318.

도와의 연합을 통해 그 본래성을 회복한다.[78]

그는 "그중에 이 세상의 신이 믿지 아니하는 자들의 마음을 혼미하게 하여 그리스도의 영광의 복음의 광채가 비치지 못하게 함이니 그리스도는 하나님의 형상이니라"(고후 4:4)라는 말씀을 인용해 사도들의 복음에 드러난 그리스도의 영광은 그리스도가 하나님의 형상이라고 불림으로써 드러난다고 말한다.

그리스도가 부활해 하나님의 영광으로 높임을 받게 되셨기에 그리스도는 땅 위에 있는 하나님의 형상이시다.[79] 그는 "보이지 않는 하나님의 형상이시며 만물에 앞서 태어나신 분이시며 그를 통하여 만물이 창조된 분"(골 1:15-16)이라는 말씀을 통해서도 원상의 그리스도론을 주장했다.[80] 그리스도가 죽음과 죄를 극복하시고 하나님과 세상 사이를 화해시키실 때 참된 하나님의 형상이 알려진 것으로 말한다.[81]

원상 그리스도론은 유대교의 지혜 문학에서 출발한다. 몰트만은 보이지 않는 하나님의 형상이신 예수 그리스도는 "창조의 중재자"이며 "세계의 화해자"이고 "하나님의 통치의 주"시라고 한다. 하나님은 그리스도를 통해서 그의 완전한 형상을 나타내고 땅 위에 있는 그의 형상을 통해서 화해하고 구원하신다. 그리스도를 통해 새롭고 참된 창조가 시작되기 때문에 태초의 창조 비밀은 그리스도일 수밖에 없다.

이때 처음의 것이 뒤에 오는 것의 빛 속에서 이해되기 시작한다. 따라서 시작은 완성으로부터 파악된다. 이런 이유로 그는 그리스도를 원

---

78 서창원, "현대 신학적 인간론 하나님의 형상 이해", 255.
79 위의 책.
80 위의 책, 327.
81 황돈형, "몰트만과 그의 신학: 희망과 희망 사이: 몰트만의 인간 이해", 160.

상으로서의 그리스도로 주장한다.[82] 이는 인간의 원상이 그리스도라는 것이다. 이처럼 그리스도가 하나님의 형상이라면, 신자들도 '그리스도의 형상'이 된다는 말이다. 몰트만은 이를 통해 신자들은 땅 위에서 '하나님의 영광'이 되는 길을 걸어가게 된다고 말한다.[83]

(2) 그리스도 안에서 새롭게 창조된 인간

몰트만은 바울의 증언에 주목한다. 바울에게 있어 그리스도의 역사의 의미는 먼저 죄인이 의인이라고 칭함 받는 것이다. 그리스도가 십자가에서 자신을 죽음에 내어 주심으로 화해에 의해 죄인이 죄의 짐으로부터 해방을 받는 것이다.

또한, 대속적 행위에 의해서 죄인이 죄의 권세로부터 해방을 받는 것이다. 죽은 자들로부터 그의 부활은 '의' 안에서의 우리의 새로운 삶이 된다.[84] 따라서 죄인된 인간이 의인이 되는 것은 그리스도의 역사를 통해 하나님의 형상을 회복한 새롭게 창조된 인간이다.[85]

바울은 그리스도에 관한 신앙을 의인의 목적과 결부시켰다. 몰트만은 죽은 자들로부터의 그의 부활과 주로 높임을 받은 것에서 현재의 의미를 발견한 것이라고 본다. 즉, 이것은 새로운 의와 새로운 복종 그리고 새로운 친교의 개시였다.[86]

---

82 위르겐 몰트만, 김균진 역, 『창조 안에 계신 하느님: 생태학적 창조론』, 327.
83 위의 책, 328.
84 위르겐 몰트만, 박봉랑 외 4인 역, 『성령의 능력 안에 있는 교회: 메시아적 교회론』, 55.
85 황돈형, "몰트만과 그의 신학: 희망과 희망 사이; 몰트만의 인간 이해", 160.
86 위르겐 몰트만, 박봉랑 외 4인 역, 『성령의 능력 안에 있는 교회: 메시아적 교회론』, 56.

그리스도의 역사 의미를 목적론적 진술에서 볼 때 그리스도의 십자가 죽음, 부활은 죄인들을 의롭게 하는 사건이었다. 이 사건은 인간에서 비롯된 것이 아니라 전적 하나님의 은혜로운 행동이었다. 이 사건으로 인간은 지금과는 다른 전혀 "새로운 창조", "새로운 복종", "새로운 친교" 속에 있게 된다. 이것은 단순히 인간 스스로 의인된 것을 보는 것이 아니라 그리스도의 주권을 보게 한다.

즉, 인간은 그리스도의 사건을 통해 그 너머에 있는 새로운 복종과 친교를 보게 된다. 더 나아가 새로운 친교와 복종을 통해 지나간 것과 현재의 것 그리고 미래의 것을 지배하는 그리스도의 주권을 본다.[87] 인간은 그리스도의 고난 가운데서 속죄를 경험할 뿐만 아니라 더욱 부활하신 자로서 그리스도를 통해 새로운 창조의 시작을 경험하게 된다.[88] 이는 죄인이 의인이라고 칭함 받는 것이 그리스도의 의미이기에 인간은 오직 그 안에 있는 새롭게 창조된 인간이라는 의미다.[89]

새롭게 창조된 인간은 하나님의 형상으로 회복될 뿐 아니라, "영광스럽게" 된다(롬 2:23; 8:30). 즉, 하나님의 삶과 영광에 참여하게 된다. 또한, 인간과 더불어 온 창조가 무의 노예살이에서 자유롭게 되며, 자신들의 방법으로 모든 것에 삼투하는 하나님의 영광에 참여한다. 인간과 세계는 신격화되지 않으나 신적 삶에 참여한다는 것이다. 그러므로 영광스럽게 된 인간과 영광스럽게 된 창조는 유한하지만, 더 이상 사멸하지 않는다.[90]

---

87 위의 책, 57.
88 황돈형, "몰트만과 그의 신학: 희망과 희망 사이; 몰트만의 인간 이해", 161.
89 위르겐 몰트만, 박봉랑 외 4인 역, 『성령의 능력 안에 있는 교회: 메시아적 교회론』, 57.
90 위르겐 몰트만, 김균진 역, 『과학과 지혜: 자연과학과 신학의 대화를 위하여』 (서

몰트만은 새롭게 창조된 인간을 제사장적 피조물로 본다. 따라서 인간은 땅을 위해 하나님 앞에 하나님을 위해 땅 앞에 서 있는 존재로 본다.[91] 사람은 사명 받은 자일 뿐만 아니라 창조 안에서 하나님을 나타내는 하나의 방식이다.[92] 그런 의미에서 몰트만은 사람은 새롭게 창조된 자로서 세상에 대한 주권을 나타내야 하며 동시에 하나님의 영광의 형상으로서 이 세상에 하나님의 명예를 나타내야 하는 것으로 말한다.[93]

즉, 장차 오실 하나님의 영광이 부활하신 그리스도의 얼굴에 빛나는 것처럼 성령으로 충만한 신자들은 하나님의 영광을 비추어야 한다는 것이다.[94] 인간을 죄인으로서만 규정한 것이 아니라 그리스도로 인해 새롭게 창조된 인간으로 보았기에 몰트만은 그의 역할까지 분명하게 해야 한다고 강조한다.

몰트만은 '창조 기사의 순서'와 '구원 역사의 순서'에 주목한다. '창조 기사의 순서'에 의하면 하늘과 땅이 먼저 생겼고 그 뒤에 인간은 창조의 마지막에 창조되었다. 한편, '구원 역사의 순서'는 그리스도에 의해 새롭게 된 인간이 앞에 오고 하늘과 땅의 새 창조는 마지막에 온다. 이렇게 봄으로 그는 이미 예수 그리스도의 오심과 부활과 함께 '새 창조'가 시작되었다고 보았다.[95]

울: 대한기독교서회, 2003), 75.
91 위르겐 몰트만, 김균진 역, 『창조 안에 계신 하나님: 생태학적 창조론』, 330.
92 위의 책.
93 황돈형, "몰트만과 그의 신학: 희망과 희망 사이; 몰트만의 인간 이해", 158.
94 위르겐 몰트만, 김균진 역, 『창조 안에 계신 하나님: 생태학적 창조론』, 330.
95 위의 책, 278.

바울에 의하면 죽음에 내어 줌을 당한 그리스도가 죽은 자들로부터 부활하신 사건과 함께 종말 시대의 창조가 시작되었다. 몰트만은 이 창조는 그리스도의 부활과 함께 시작했고, 영의 계시 속에서 계속 작용하는 것으로 말한다. 즉, 사멸할 몸들의 되살아남 곧 죽은 자들의 부활에서 완성될 과정으로 묘사한다.[96]

이때 하나님은 자신을 "예수를 죽은 사람들로부터 부활시키신" 분으로 계시하신다. 하나님은 죽은 사람들을 부활시키는 분이시며, 모든 것을 새롭게 창조하는 분이시라는 것이다.[97] 몰트만은 새 창조가 예수의 부활로 시작되었음을 말한 것이다.

몰트만은 예수 그리스도의 역사를 통해 새롭게 창조된 사람은 하나의 상태로 된 것으로 보지 않는다. 오히려 그는 하나님의 형상으로서의 사람은 종말론적 방향을 가진 역사적 과정으로 나타나는 것으로 보았다.[98] 과정에 있는 사람들은 메시아적 사람 됨으로 끝나지 않고 또 끝날 수 없다. 몰트만은 새 하늘과 새 땅에서 죽음은 종말론적으로 파괴되고 몸의 구원이 일어나는 것이 비로소 사람 됨의 과정을 완성한다고 말한다.[99]

---

[96] 위르겐 몰트만, 김균진 역, 『과학과 지혜』, 72.
[97] 위르겐 몰트만, 김균진 역, 『오시는 하나님: 기독교적 종말론』 (서울: 대한기독교서회, ⁷2002), 243.
[98] 위르겐 몰트만, 김균진 역, 『창조 안에 계신 하느님: 생태학적 창조론』, 328.
[99] 위의 책, 329.

3) 종교적 영역 안에서의 그리스도

몰트만 신학에 종교적 영역 안에서 그리스도를 주장하는 것을 발견하는 것은 어렵다. 그의 신학은 인간 중심적 그리스도론의 위험을 지적하고 오히려 우주적 차원까지 나아가려고 했기 때문이다. "그리스도가 계신 곳이 교회"라는 그의 명제가 이를 뒷받침한다. 이 명제는 종교적 영역에서 역사적 영역으로 발전시켰다.

이후 그의 신학은 역사적 차원에서 후기로 가면서 피조물을 포함하는 신학 즉 우주적 차원으로 발전한다. 그러나 그의 글 곳곳에 그리스도는 믿는 자의 구원자라고 하는 강조가 드러난다.

그는 십자가에 달리신 그리스도가 죄인으로 간주되었다면 부활하신 그리스도는 부활의 힘으로 하나님의 힘이 될 뿐만 아니라 믿는 자에게 구원이 된다고 말한다.[100] 이 주장에 따르면 그는 그리스도를 믿는 자와 관련시키고 있음을 알 수 있다. 이는 몰트만 신학에 종교적 영역도 내포되어 있음을 알 수 있는 부분이다. 그는 복음이 부활과 모든 것의 새 창조의 영을 중재하며 죄의 세력으로부터 해방함으로써 죽음에 관한 생명의 승리를 믿는 자들에게 앞당겨 온다고 본다.[101]

그리스도의 십자가는 하나님의 영광에 가장 잘 부합하는 것으로서 하나님과 하나 된 인간의 무한한 자유를 계시한다.[102] 교회는 주님으로부터 부름을 받은 자들의 공동체다. 죽음에 관한 생명의 승리가 믿

---

100 위르겐 몰트만, 김균진 김명용 역, 『예수 그리스도의 길: 메시아 차원의 그리스도』, 267.
101 위의 책, 267.
102 위르겐 몰트만, 박봉랑 외 4인 역, 『성령의 능력 안에 있는 교회: 메시아적 교회론』, 133.

는 자에게 앞당겨 온다는 이런 주장들은 교회가 역사적 교회로서의 역할을 하는 것뿐만 아니라 종교적 영역 안에도 포함된 것으로 보아야 한다.

그리스도에 의해 의롭게 하는 믿음이 신자들을 죽은 자들과 산 자들에 관한 그리스도의 통치로 인도한다. 그리스도의 부활을 통해 하나님은 모든 산 자와 죽은 자를 위한 미래를 열어 놓으셨다. 이처럼 몰트만은 종교적 영역 안에서 그리스도론을 말한다. 종교적 영역 안에 있다는 것은 인간 중심 영역이다. 즉, 그의 그리스도론 안에는 인간적 차원의 그리스도론이 있는 것이다.

몰트만은 그리스도는 죽음과 그의 부활하심으로 산 자와 죽은 자에게 주님이 되셨다고 말한다. 이것은 종교적 차원의 그리스도를 말한 것이다.[103]

몰트만은 "오직 의인은 믿음으로 말미암아 살리라"(롬 1:17)는 것은 그리스도의 복음의 약속으로, 이 복음이 부활과 모든 것의 새 창조의 영을 중재하며 죄의 세력으로부터 해방함으로써 죽음에 관한 생명의 승리를 믿는 자들에게 앞당겨 온다고 말한다.[104]

그는 종교개혁 시대의 루터 신학에서 의롭게 하는 믿음의 근거는 '우리를 위한' 그리스도의 고난과 죽음 속에 있다는 점을 인식했지만, 죄인의 칭의를 일면적으로 "죄의 용서"로 보았고, 의(義) 속에서 이루어지는 새로운 삶으로 보지 않았다고 말한다. 바울에 의하면 그리스도는 "우리의 의(義)를 위하여"(롬 4:25) 그리고 "우리의 행복을

---

103 위르겐 몰트만, 김균진 김명용 역, 『예수 그리스도의 길: 메시아 차원의 그리스도』, 274.
104 위의 책, 267.

위하여"(롬 5:10) 부활하셨다. 이런 것을 통해 몰트만은 믿는 자들이 구원을 받는다고 말한다. 이런 측면에서 보면 분명 몰트만의 인식 속에도 그리스도가 종교적 측면에서 다루어지고 있음을 알 수 있다.

2. 역사적 차원의 그리스도

몰트만은 기독교의 핵심인 기독론을 종교적 차원에서만 다루는 것이 아니라 역사적 차원으로까지 나아가기를 원했다. 그는 그동안 교회가 그리스도를 종교적 영역 안에만 머물러 있도록 했기에 오늘날 일어난 많은 위기 앞에 응답하지 못한다고 보았다. 교회가 위기에 마주하게 되면 될수록 반드시 근본으로 돌아가야 한다. 이때 교회의 근본은 그리스도시다.

그러나 몰트만은 교회의 근본이신 그리스도가 교회 안에만 머무는 것을 반대한다. 그는 우리가 살아가고 있는 역사까지 그리스도의 다스리심을 말한다. 그는 이 역사 안에서 고난받는 기독교를 위해서라도 그리스도에 의해서 열린 희망의 지평의 넓이를 측정하지 않으면 안 된다고 말한다. 왜냐하면, 교회는 반드시 홀로 서 있을 수 없고 다른 것과의 관계 속에 있기 때문이다.[105]

교회는 스스로 자신을 이해할 수 없다. 교회는 반드시 교회 자체의 사명과 의미와 역할 그리고 자체의 기능들은 다른 것들과의 관계에

---

[105] 위르겐 몰트만, 박봉랑 외 4인 역, 『성령의 능력 안에 있는 교회: 메시아적 교회론』, 199.

서만 바르게 이해할 수 있다. 몰트만은 교회가 때의 징조들을 해석하려고 할 때는 교회가 속해 있는 세계사적 상황과의 관계를 보아야 한다고 말한다.[106] 이처럼 그는 교회가 교회 안에서만 머물면 이 시대의 책임 있는 공동체로 서지 못한다고 보고 교회를 역사적 차원까지 확대했다.

1) 종말론적 방향을 향한 그리스도

몰트만은 그동안 신학계에서 펼쳐 왔던 두 가지 그리스도론의 방법을 거부한다. 하나는 존재론적 그리스도론(ontological Christology)이고 또 다른 하나는 인간학적 그리스도론(anthropological Christology)이다.[107] 그 이유는 이런 방법으로는 그리스도의 종말론적 성격을 담아내지 못한다고 보았기 때문이다.

그렇다면 몰트만이 사용한 그리스도론의 방법은 무엇인가?

그의 방법론은 종말론적 관점의 방법론이다.[108] 이것을 종말론적 그리스도론이라고 부른다. 그의 종말론적 그리스도론이란 종말론적인 미래, 곧 아직 완성되지 않은 미래적 관점에서 예수 그리스도의 현재를 보는 구조이다. 몰트만에게 있어서 종말론이란 장차 올 세계

---

106 위의 책, 40.
107 여기서 김동건은 두 유형을 소개하기를 존재론적 그리스도론은 예수의 선재에서 시작하는 방법으로 예수 그리스도의 신성을 강조하며, 신성에서 인성을 향하는 방법론이라고 한다. 인간학적 그리스도론은 예수 그리스도의 인성 혹은 인간 예수를 강조하는 접근방식이라고 말한다. 김동건, "몰트만과 판넨베르크 신학의 비교 연구: 역사관, 그리스도론, 프락시스를 중심으로", 「신학과 목회」 50호 (2018), 89.
108 위의 논문, 89.

의 구원을 지향하며, 메시아의 나라가 완성될 현실을 의미한다. 따라서 종말론적 관점이란 "역사의 완성"이라는 미래의 시각에서 현재를 보는 것이다.[109]

역사를 종말론적으로 본다는 것은 "거꾸로 된 시간의 의미"로 역사를 보는 것이다. 이 역사 안에서 일어난 예수 그리스도의 역사를 사실적 역사로 보면 예수 그리스도는 '출생-사역-죽음-미래의 종말'의 순서다. 하지만 종말론적 시간에서 바라보면, 미래의 종말은 이미 예수의 부활에서 "선취적"으로 일어났고, 예수의 부활을 통해 그리스도의 죽음이 구원 사건이 된다.[110] 몰트만은 부활의 빛에서 십자가를 본다. 이런 측면에서 종말론적 관점의 역사는 부활-십자가-출생의 순서다.

(1) 역사의 과정 속에 있는 그리스도

몰트만은 『예수 그리스도의 길: 메시아 차원의 그리스도론』을 통해 자신의 그리스도론을 펼쳤다. 이렇게 정한 이유는 지금까지의 그리스도는 두 본성을 가진 인격이나 역사적 인격성으로 파악되어 왔기 때문이다.[111] 이런 이해에 따른 그리스도론은 정적으로 흐를 수밖에 없다. 더군다나 기존의 그리스도론은 역사 속에서 갈등하는 사람들에게는 살아 있는 응답으로서의 그리스도론이 되지 못한다고 보았다.

---

109 김동건, 『그리스도론의 역사: 고대 교부에서 현대 신학자까지』, 792-793.
110 위의 책, 793.
111 위르겐 몰트만, 김균진·김명용 역, 『예수 그리스도의 길: 메시아 차원의 그리스도』, 9.

따라서 몰트만은 그리스도론이 사변적으로 흐르는 것을 경계하고 역동적 그리스도론을 펼치려고 했기에 그의 책을 예수 그리스도의 길이라고 붙인 것이다. 이런 관점에서 그는 그리스도를 '하나님과 세계의 역사 과정' 속에서 찾고자 했다. 즉, 그는 "하늘에 관한 영원한 그리스도론을 원한 것이 아니라 오히려 역사의 갈등 도상에 있으며, 인생의 방향을 찾고 있는 인간을 위한 그리스도"를 원했다.[112]

몰트만은 종말론적 그리스도론을 주장했다. 하지만 이 주장은 완결된 것을 말하는 것이 아니다. 과정 중에 있다는 것을 강조하는 그리스도론이다. 따라서 몰트만의 그리스도론은 고정적이고 정적인 것이 아니라 미래를 향해 개방적이며 열려 있다. 마찬가지로 그리스도의 구원의 역사도 완결되지 않았고 미래가 열려 있다.[113]

몰트만은 역사의 낯선 곳에서 실제로 살아가며 삶을 찾는 사람들에게 순례하는 자들의 그리스도론(*Christologia viatorum*)이 필요하다고 보았다. 그는 이것을 길의 그리스도론(*Christologia viae*)이라 부른다.[114]

몰트만이 이렇게 주장하는 이유는 현대의 그리스도론은 인간과 동떨어진 그리스도론이 되어서는 안 된다고 보았기 때문이다. 역사의 낯선 곳에 실제로 존재하며 삶을 찾는 사람들을 위해 순례하는 자들의 그리스도론이 필요하다.[115] 결국, 그는 자신의 그리스도론을 오늘의 현실 앞에서 답답해하고 방향을 찾지 못한 사람을 위해 메시아적 그리스도론을 펼치고자 했다.

---

112 위의 책.
113 김동건, 『그리스도론의 역사: 고대 교부에서 현대 신학자까지』, 793-794.
114 위르겐 몰트만, 김균진·김명용 역, 『예수 그리스도의 길: 메시아 차원의 그리스도』, 10.
115 위의 책, 9.

과거 그리스도론의 가장 중요한 이슈는 '예수가 누구신가'라는 교리적 부분이다. 그러다 보니 두 본성에 관한 이야기가 핵심이었다. 하지만 오늘날 살아가는 사람들은 '과연 우리에게 예수는 어떤 의미가 있는가'라는 것에 더 관심을 가지고 질문한다.

몰트만은 오늘날 살아가는 사람들과 예수를 연결시키는 것이 매우 중요한 과제가 되었다고 판단한다. 사실 예수 그리스도와 인간의 관계를 연결시켜 주지 못한다면 그들은 결국 공허한 신앙인이 될 뿐이다. 따라서 몰트만은 역사 속에서 살아가는 한 개인과 그리스도의 관계를 정립하려고 했다.

몰트만은 인간적 그리스도론이 지닌 역사적 제한성을 보았다. 따라서 그것을 "길의 그리스도론"을 통해 의식화시킨다. 인간적 그리스도론은 '길의 그리스도론'이지 '본향의 그리스도론'은 아직 아니라는 것이다.[116] 몰트만은 아직 완성된 그리스도론이 아니라 완성을 향해 가는 그리스도론을 주장한다. 이런 의미에서 지금 이 역사에 존재하는 인간도 역사의 완성을 향해 나아가는 과정에 있다.

그는 그리스도론은 언제나 종말의 시작이며. 종말론을 기독교적으로 이해할 때 언제나 그리스도론의 완성이라고 이해한다. 길의 그리스도론이라고 할 때 모든 길은 인간이 그 길을 걸어가도록 초대한다. 이 길을 걷는 자는 예수가 누구신지를 알게 된다.[117] 결국, 역사의 낯선 한복판에서 방향을 잃은 자들이 그리스도가 걸었던 길을 걸을 때 역사의 한복판에서 그리스도를 만나게 된다.

---

116 위의 책, 10.
117 위의 책.

(2) 역사의 하나님

몰트만은 단일신론적 신관을 반대한다. 그 이유는 단일신론적 삼위일체 신관은 근본적으로 피조 세계와 연관을 가지기 어려운 신관이라고 판단했기 때문이다. 단일신론적 삼위일체 하나님은 역사를 초월해 존재하신다는 것이며 영원 속에 존재하신다고 보게 된다.[118] 이렇게 되면 하나님은 무감각한 신이 되어 버린다.

그렇다고 몰트만은 초월성을 배제하지 않는다. 그는 초월성도 그대로 가지면서도 역사에 함께하시는 하나님을 강조한다. 다만 그는 우리가 살아가는 세계 속에서 신학의 역할을 대단히 중요하게 여긴다. 따라서 그는 단일신론적 삼위일체를 받아들이지 않았다. 몰트만은 누구보다도 신학적 책임성과 실천을 강조한 신학자다. 그는 언제나 오늘의 시대 문제에 관한 신학적 응답을 강하게 주장했다. 이런 의미에서 그의 신학은 매우 실천적이다.[119]

몰트만은 역사의 하나님을 강조하는데 그 증언을 성경을 통해서 하려고 했다. 성경에서 하나님을 '아브라함의 하나님', '이삭과 야곱의 하나님' 그리고 '예수 그리스도의 아버지'이시라고 증언한다. 여기서 하나님은 그의 백성 이스라엘을 이집트의 역사적 세력에게서 해방시키셨던 '주님'이시며, 그리스도를 역사의 세력, 곧 죽음에서 해방하셨던 '아버지'이시다.[120] 이 점을 통해 하나님을 역사의 하나님이시라고 주장한다.

---

118 김동건, "몰트만의 그리스도론의 구조와 특징", 77.
119 위의 논문, 78.
120 위르겐 몰트만, 곽미숙 역, 『세계 속에 있는 하나님: 하나님 나라를 위한 공적인 신학의 정립을 지향하며』, 113.

이스라엘의 하나님은 이스라엘이 경험한 역사라는 매개체 속에서 자기를 계시하셨으며 자연의 질서, 리듬, 생식 능력을 통해 계시하지 않았다는 것이 그의 주장이다.[121] 역사적 부르심과 해방하는 경험들을 통해 하나님은 마땅히 자연신들과의 차별성 속에서 "역사의 하나님"으로 일컬어진다.[122]

몰트만은 출애굽 사건을 통한 역사의 계시는 이스라엘의 신앙을 역사의 종교로 만들었다고 본다.[123] 따라서 하나님은 역사의 하나님이시다. 동시에 이스라엘 공동체도 역사 공동체가 된다. 여기서 몰트만은 하나님을 역사의 하나님이라고 말한다. 하나님은 이스라엘 공동체 역사와 함께하신 하나님이시다. 그는 역사와 떨어져 있는 신관으로는 현대 세계의 도전과 비판을 이기지 못한다고 판단했다.[124]

출애굽할 때의 애굽이나 고대 근동 지역의 사고는 우주론적 사고다. 이것은 고대인들이 가지고 있었던 일반적 사고다. 이를 순환적 사고라고도 말한다. 고대인은 역사를 순환하는 것으로 이해했다. 하지만 이스라엘은 하나님을 역사 속에서 만났다. 그들은 역사적 사고를 갖고 미래를 향해 나아가는 모습을 보인다. 이는 순환적 사고 속에 살던 고대 사고에서 이스라엘을 통해 역사적으로 사고한 독특한 사고가 발생했다.

---

121 위르겐 몰트만, 김균진 역, 『오시는 하나님: 기독교적 종말론』, 242.
122 위르겐 몰트만, 곽미숙 역, 『세계 속에 있는 하나님: 하나님 나라를 위한 공적인 신학의 정립을 지향하며』, 113.
123 위르겐 몰트만, 김균진 역, 『오시는 하나님: 기독교적 종말론』, 242.
124 위르겐 몰트만, 곽미숙 역, 『세계 속에 있는 하나님: 하나님 나라를 위한 공적인 신학의 정립을 지향하며』, 113.

현대는 역사가 과거에서 현재로, 현재에서 미래로 나아가는 구조다. 이것이 역사적 사고다. 이런 역사적 사고가 이스라엘과 하나님의 관계에서 일어났다. 이렇게 역사의 하나님과 관계될 때 역사 속에 있는 교회도 순환적 사고에서 벗어나 역사적 교회로 나아가게 된다.

2) 역사와 그리스도

(1) 예수와 성육신

몰트만은 성육신 사건은 이 역사에 일어난 하나님의 전능하신 능력을 철회한 사건으로 본다. 이때 독생자는 인간의 단 하나의 아들, 그 자신의 아들, 영원한 아들이다.[125]

그는 자신의 기독론에서 기본적인 질문을 던진다.

성육신은 하나님에게 우연적인 것인가, 아니면 필연적인 것인가?

이 질문은 성육신은 그의 의지에 근거하는가, 아니면 그의 본질에 근거하는가라는 질문이다. 이 문제에 관한 전통적 답변은 두 가지였다. 하나는 인간의 죄로 인해 하나님과 단절되었기에 필연적으로 인간과의 화해 때문에 성육신하신 것으로 본다. 또 다른 하나는 영원 전부터 하나님이 의도하셨다는 것이다.

인간의 죄 때문에 성육신했다고 한다면 이것은 하나님께서 자신의 의지를 밖으로 표현하신 것이다. 여기에 대해 몰트만은 인간이 되신 하나님의 아들이 하나님과 세계의 화해를 이루셨을 때 아들 자신은

---

125 위르겐 몰트만, 김균진 역, 『삼위일체와 하나님의 나라』 (서울: 대한기독교출판사, 2009), 148-149.

불필요하게 되는 문제가 발생한다고 본다.[126]

하나님의 의지를 밖으로 표현하신 것이면 성육신하신 분에 대한 것은 의미가 없어진다. 그는 아들이 성육신하신 것은 어떤 목적을 위한 하나의 수단 이상의 것이 숨어 있다고 생각한다. 그는 아들이 성육신하신 것은 이 세계를 위해 삼위일체 하나님의 완성된 자기 전달로 본다.[127] 그리스도가 성육신하신 것과 십자가 지심, 부활하심 그리고 화해하신 것을 인간과 역사에만 국한시킨 것이 아니라 전 창조에로 확대시킨다.[128]

몰트만은 그리스도는 단지 "우리의 죄 때문에 희생을 당하였다"(롬 4:25)라는 바울의 말을 인용하면서 이것은 그가 십자가를 통해 죄인들을 하나님과 화해시키는 것으로 본다. 그리스도는 그의 부활을 통해 새로운 의와 새로운 생명 그리고 새로운 피조물을 창조하신다.[129] 성육신 사건은 창조의 완성을 위한 역사 속에 일어난 사건이다.

그렇다면 세계의 창조와 성육신은 어떤 관계가 있는가?

몰트만은 세계의 창조는 하나님의 형상을 지닌(창 1:26 이하; 시 8편) 인간을 창조함으로 그 정점에 이르렀다고 한다. 이때 눈으로 볼 수 없는 하나님의 형상이 그리스도 안에서 나타났다.[130] 이것은 창조와 그리스도와의 관계성을 드러낸다. 즉, 하나님의 형상으로서 그리스도는 모든 것을 창조하신 분이라는 의미다.[131] 여기서 몰트만은 더

---

126 위의 책, 143.
127 위의 책, 144.
128 김도훈, "몰트만의 그리스도론의 방법론적 특성", 226.
129 위르겐 몰트만, 김균진 역, 『삼위일체와 하나님의 나라』, 144-145.
130 위의 책, 145.
131 김도훈, "몰트만의 그리스도론의 방법론적 특성", 227.

나아가 그리스도 안에서 하나님의 형상이 창조, 완성된다고 보았다.

몰트만은 아들은 로고스이며 아버지는 이 로고스를 통해 그의 세계를 창조했고, 아들은 아버지의 형상이며, 그렇기에 아들은 인간과의 관계에서 아버지의 참된 "초상"이라고 주장한다.[132] 성육신하심으로 독생자는 형제 관계 속에서 아버지를 발견하고 노예화된 세상을 구원하고 자유롭게 하려고 많은 형제자매 가운데 처음 태어난 자가 되었다.[133]

(2) 예수의 선포와 사역

복음서는 예수의 역사를 메시아적 파송의 빛에서 기술하는데 이 파송은 그의 행동, 고난, 삶 그리고 그의 죽음을 포괄한다.[134] 몰트만은 복음서에 나타나는 모든 예수의 역사 중 예수의 선포에 주목한다. 예수의 선포 핵심은 하나님 나라. 하지만 그는 예수의 선포 즉 하나님 나라가 가까이 왔다는 선포는 포괄적 파송의 한 부분으로 생각한다.[135]

이 파송에서 그의 행동의 의미가 나타나며, 거꾸로 그의 행동은 그의 선포를 동반한다. 몰트만은 이 두 가지는 함께 생각되어야 하며, 그의 파송이 선포의 사명으로 위축되어서는 안 된다고 말한다.[136]

예수는 인격으로 오신 하나님 나라이며 모든 피조물의 새 창조의 시작이다.[137]

---

132 위르겐 몰트만, 김균진 역, 『삼위일체와 하나님의 나라』, 145.
133 위의 책, 150.
134 위르겐 몰트만, 김균진 김명용 역, 『예수 그리스도의 길: 메시아 차원의 그리스도』, 143.
135 위의 책, 144.
136 위의 책.
137 김도훈 "몰트만의 그리스도론의 방법론적 특성", 233.

예수의 선포에 있어서 하나님 나라의 개념이 무엇인가, 하나님 나라의 "εγγυς"(엥귀스)를 "하나님 나라가 여기 있다"로 혹은 "하나님 나라가 가까이 있다"로 번역할 것인가의 문제는 아직도 토의되고 있지만 몰트만은 루터의 입장을 수용한다. 즉, 하나님 나라는 너무 가까워서 메시아적 시대의 표식들이 이미 보인다는 것이다.

이는 병든 사람들이 건강하게 되며, 귀신들이 쫓겨나며, 마비된 사람들이 걸어가며, 귀먹은 자들이 듣게 되며, 가난한 사람들에게 복음이 선포된다.[138] 이때 공관복음서의 양식이 확실하게 드러나는데 예수의 하나님 나라 복음 선포다. 이로 인해 하나님 나라는 실제적이지 관념적인 것이 아니다.

몰트만은 하나님 나라 복음은 새로운 이론을 가져오는 것이 아니고 새로운 현실을 가져온다고 주장한다.[139] 복음은 이론이나 말에 그치는 것이 아니라 이전과 다른 현실이 되는 것이다. 예수의 이 복음 선포는 주린 사람들에게 굶주림의 상태를 끝내는 것이 아니다. 더군다나 축복받은 삶으로 풍요를 가져오는 것은 아니며 오히려 하나의 새로운 가치를 가져왔다.[140]

"βασιλια του θεου"(바실레이아 투 데우)는 '하나님의 주권'으로 번역되기도 하고 '하나님 나라'로 번역되기도 한다. 서로 다르게 번역하지만, 하나님의 주권과 하나님 나라라는 두 개념을 서로 보충해서 사용해야 한다. 이렇게 주장하는 이유는 하나님의 주권이 하나님 나

---

138 위르겐 몰트만, 김균진 김명용 역, 『예수 그리스도의 길: 메시아 차원의 그리스도』, 146.
139 위의 책, 149.
140 위의 책, 151-152.

라의 현재를 말하는 것이고 동시에 하나님 나라가 그의 주권의 미래이기 때문이다.[141]

몰트만은 예수의 치유 행위를 단순히 치유 행위로 보지 않는다. 이는 하나님께서 해방하며 치유하는 현재적 행위로 보고 그 자신을 넘어서서 자유와 구원의 나라를 향하는 것으로 생각한다. 이런 의미에서 하나님의 구원하시는 행동은 하나님 나라의 내재라고 할 수 있다.

또한, 하나님 나라는 하나님이 현재로 통치하시는 초월이 된다.[142] 이 말은 하나님의 현재적 통치가 메시아적 시대를 규정하며, 하나님의 미래의 나라가 종말론적 영원을 규정한다는 의미다.

성경은 그리스도의 사역을 세 가지로 말한다.

첫째, 회당에서 가르치신 것이다.
둘째, 천국 복음을 전파하신 것이다.
셋째, 모든 병과 모든 약한 것을 고치신 것이다.[143]

이를 근거로 몰트만은 귀신 추방과 병자 치료는 처음부터 예수 활동의 특징을 나타낸다고 본다. 하지만 이런 것은 고대 세계에 있어서 흔한 일들이었다. 이런 일들은 아시아와 아프리카의 고대 문화에서뿐만 아니라 현대 서구 문화의 저변 세계에도 있었다.[144] 그러나 몰트만은 예수의 병 치료와 귀신 추방은 터무니없는 현상으로 보지 않

---

141 위의 책, 148.
142 위의 책, 147-148.
143 마4:23; 마9:35
144 위르겐 몰트만, 김균진 김명용 역, 『예수 그리스도의 길: 메시아 차원의 그리스도』, 156.

는다. 그리고 세계 곳곳에 있었던 사건과 다르게 생각한다.

그는 병 치료와 귀신 추방이 예수의 메시아적 파송과 관련되어 있다는 점에 주목한다. 예수가 말씀을 선포했을 때 병자들과 귀신 들린 사람들이 어둠에서 벗어났다. 사람들은 어둠으로부터 나와서 예수에게로 몰려왔다. 이런 이유로 몰트만은 하나님 나라가 올 때 하나님을 대적하는 세력들이 드러나며 사라지게 된다고 본다.[145] 단순히 치유되는 것에만 목적이 있는 것이 아니라 하나님의 선포와 함께 하나님 나라가 임하며 그때 병 치유와 귀신 추방이 나타난다는 것이다. 이는 하나님 나라의 현재적 행위였다.

(3) 예수와 십자가의 죽음

몰트만은 십자가상에서 예수님의 죽으심은 모든 기독교 신학의 중심이며 신학의 모든 물음과 대답으로 인도하는 입구라고 말한다. 그는 하나님, 창조 세계, 죄와 죽음에 관한 모든 기독교적 진술의 초점을 십자가에 달리신 그리스도에 두고 있다.[146]

예수의 십자가 죽음의 의미를 몰트만은 몇 가지로 이해한다.

첫째, 메시아로서의 죽음이다.

예수 그리스도에 관한 죽음을 선고한 행위는 로마의 지방 장관 빌라도에 의해 로마 제국의 이름으로 선언되었다. 이는 십자가에 달린 예수의 죽음이 정치적이었음을 보여 준다.[147] 예수의 메시아 주장은

---

145 위의 책, 157.
146 이형기, 『알기 쉽게 간추린 몰트만 신학』 (서울: 대한기독교서회, 2001), 37.
147 위르겐 몰트만, 김균진 김명용 역, 『예수 그리스도의 길: 메시아 차원의 그리스

결국 로마의 통치권에 직접적으로 저촉되는 범죄였기 때문에 로마의 법정에서 반란이란 죄목으로 죽었다. 따라서 예수의 죽음은 메시아의 죽음이었다.

몰트만은 예수가 빌라도 앞에서 "네가 그렇게 말하였다"(막 15:2)라고 말함으로써 그의 메시아됨을 분명히 시인했다고 본다. 이것 때문에 십자가 처형의 판결을 받을 수밖에 없었다는 것이다. 그는 기독교 공동체가 이것을 잘 기억했다고 말한다.[148] 몰트만은 이렇듯 예수는 로마인들의 손을 통해 이스라엘의 메시아로서 죽임을 당했다고 말한다.[149]

둘째, 가난한 자로서의 죽음이다.

예수는 아무런 힘도 없었고 권리도 없었으며 고향도 없는 갈릴리 출신의 사람이다. 예수는 로마 제국에서 한 노예의 운명 속에 산 사람이다. 예수는 그의 고난과 죽음 속에서 종이 된 백성의 운명을 함께 나누는 분이었다.[150]

성경에 나타난 그리스도는 가난한 자들, 병든 자들, 민중들, 여자들과 이스라엘과의 사귐 속에서 살았으며 그들 속에서 복음을 선포했고, 이런 관계를 통해서 메시아임을 증언한다.[151] 예수는 가난한 자 중에 가난한 자가 되었기에 '그리스도의 고난'은 가난한 무리의 고난이다. 몰트만은 예수의 죽음이 가난한 자들 무리의 죽음으로 여

도』, 237.
148 위의 책, 237-238.
149 위의 책, 242.
150 위의 책, 245.
151 김도훈, "몰트만 그리스도론의 방법론적 특성", 232.

겼기에 이것을 '그리스도의 고난'이라고 말한다.[152]

셋째, 하나님의 아들로서의 죽음이다.

몰트만은 예수가 백성들을 해방의 능력 있는 표징들과 기적을 통해 구원하지 않았다는 사실에 주목한다. 예수는 로마인들을 추방함으로써가 아니라 지금까지 알려지지 않았고 예고되지 않은 방법으로 하나님의 백성을 해방시키셨고 불러 모으셨다.[153] 빌립보서 2장에서는 죽음에 대해 자기를 낮추시는 하나님의 아들 예수 그리스도를 찬양하고 있다. 따라서 그는 예수의 죽음을 하나님 아들의 죽음으로 본다. 몰트만은 십자가의 죽음은 하나님의 아들로서 하나님께 버림받는 경험을 하게 되는 것이라고 이해한다.[154]

아들로서 버림받는다는 것은 하나님과 예수의 사귐이 깨어지는 것과 같은 것이다. 예수는 하나님으로부터 멀리 떨어진 가운데에서 죽으셨고 이 죽음 때문에 그동안 하나님의 자녀로 알았던 그의 고뇌였다.[155] 여기서 몰트만은 예수는 자기의 죽음이 곧 하나님 아들의 죽음이라는 사실을 알고 계셨기에 버림받은 자로서 고뇌하셨다고 본다.

그는 예수의 죽음은 이스라엘의 고난을 자신의 고난으로 삼으시는 하나님의 고난이라고 말한다.[156] 신옥수는 그리스도가 하나님께 버림을 받으시는 그곳이 우주의 화해를 위한 신적 이유가 발견되는 곳

---

152 위르겐 몰트만, 김균진 김명용 역, 『예수 그리스도의 길: 메시아 차원의 그리스도』, 245-246.
153 위의 책, 239.
154 위의 책, 241.
155 위의 책, 242.
156 위의 책.

이라 주장한다.[157]

넷째, 아버지와 아들이 하나 되는 사건이다.

몰트만은 아버지가 아들을 내어 주면서 자기 자신을 내어 준 것은 분명하지만, 아버지의 내어 줌은 아들을 내어 주는 것과 동일한 방법이 아니라고 말한다. 아들은 아버지께 버림받은 사건으로서 죽음의 고통을 당한다. 하지만 아버지의 고난은 아들이 죽음을 맞이함으로 겪는 것이다. 아버지는 아들에 관한 사랑 때문에 아들이 죽을 때 겪는 고통과 동일한 고통을 경험한다. 그러므로 아버지가 받은 고통은 아들이 받은 고통에 상응하는 것이다.

이를 아버지와 아들 사이의 내적 의지의 일치성이라고 몰트만은 말한다. 즉, 아들은 아버지가 내어 주심으로 받은 고통과 아버지는 사랑하는 독자인 아들을 내어 줌으로써 받은 고통이 같다는 것이다. 그는 예수는 하나님 없이 죽으신 것처럼 보이지만, 아버지와 아들은 십자가에서 하나 된다고 말한다.[158]

다섯째, 인간의 참된 희망이 되는 사건이다.

몰트만의 내어 줌의 신학은 하나님 고통의 신학으로 이해해야 한다. 여기에서 사랑과 자비에 대해 분명히 알게 되기 때문이다.[159] 예수가 십자가에서 죽으심에 이르게 된 것이 예수가 메시아이며 하나님의 아들이시라는 것을 견지할 때 몰트만은 십자가의 은총 아래 살아가는 사람들과 아무 권리도 없이 살아가는 사람들 그리고 여전히

---

157 신옥수, "몰트만의 우주적 종말론", 206. 십자가에서 버림받고 우주의 화해를 이룬 그곳이 역사적 사건이었다.
158 위르겐 몰트만, 김균진 김명용 역, 『예수 그리스도의 길: 메시아 차원의 그리스도』, 252-253.
159 위의 책, 258-259.

불의한 일을 하며 살아가는 사람들에게 예수는 메시아적 희망을 갖게 했고 하나님과 사귐을 가져왔다고 말한다.[160]

그 이유는 예수가 철저히 우리를 위해 죽음으로 자신을 내어 주셨기 때문이다. 또한, 우리 때문에 그리스도는 버림받으셨기 때문이고 그리스도는 우리의 모든 것을 맡길 수 있는 형제이며 친구 되신다. 예수는 우리의 모든 것은 물론 그 이상의 것도 알고 고통당하셨다.[161] 몰트만은 예수의 죽음 자체를 통해 만물의 새로운 창조가 시작되었다고 본다.[162] 왜냐하면, 예수의 죽음은 우리가 하나님과 회복되는 것이고 여기서 인간이 희망을 가지게 되는 근거를 가지기 때문이다.

여섯째, 계시된 하나님의 의의 사건이다.

몰트만은 부활의 신앙의 빛에서 십자가로 예수의 전 생애를 보았다. 부활의 빛에서 십자가를 보면 십자가에서 죽으신 예수의 죽음은 허무한 최후가 될 수 없으며 오히려 그의 사명과 순종의 완성이 된다. 부활의 빛에서 예수 십자가의 최후는 복음을 버림받은 자들에게, 저주받은 자들에게 가져온 참된 시작이다.[163]

마찬가지로 교회가 그리스도의 십자가로부터 이해한다면, 교회는 예수에 의해서 선포되고, 하나님 없이 사는 자들에게 계시되었고 이제 새로운 의의 체험 속에서 사는 곳이 된다. 하나님의 아들이 하나님이 계시지 않는 자로서 죽으신 사실에 대해 하나님의 새로운 의가 계시되고, 그것으로써 버림받은 자들이 용납된다.

---

160 위의 책, 259.
161 위의 책.
162 신옥수, "몰트만의 우주적 종말론", 202.
163 위르겐 몰트만, 박봉랑 외 4인 역, 『성령의 능력 안에 있는 교회: 메시아적 교회론』, 135.

또한, 불의한 자들이 의롭다고 인정받게 되고, 법 없이 살아가는 자들이 정당화된다. 예수의 죽음은 복음 안에서 계시된 새로운 하나님의 의라는 것이다.[164]

김동건은 역사 속에서 예수의 십자가 죽으심은 몰트만의 그리스도론에서 특별한 위치를 차지한다고 말한다. 몰트만은 그리스도의 십자가의 죽으심은 시간적으로 보면 부활 앞에 있는 사건이지만 종말론적 관점에서 보면 부활하신 분으로서 이 역사에 오셨고 부활하신 분으로서 십자가에 죽으셨다고 말한다.[165] 예수의 십자가 죽으심은 역사적 사건으로 종말론적 관점에서 보아야 한다.

(4) 그리스도와 역사적 부활

근대가 시작하면서부터 그리스도의 부활의 역사성이 기독교 신학의 중심 문제가 되었다. 그 이유는 '역사'가 근대 세계의 커다란 파라다임이 되었기 때문이다.[166] 17세기 이후 서구에서는 인간과 자연, 하나님과 세계를 해석하기 위해서 '역사'라고 하는 포괄적 파라다임이 발전했다. 따라서 몰트만은 그리스도의 부활을 역사적 차원에서 다루려고 했다. 우리에게 부활은 하나의 사건인가 아니면 신앙의 해석인가라는 질문 앞에 서게 될 것이다.[167]

---

164 위의 책, 136.
165 김동건, "몰트만과 판넨베르크 신학의 비교 연구: 역사관, 그리스도론, 프락시스를 중심으로", 90.
166 위르겐 몰트만, 김균진 김명용 역, 『예수 그리스도의 길: 메시아 차원의 그리스도』, 349.
167 위의 책, 248.

부활이 역사적 사실인가, 그 증거는 있는가라는 이 질문은 초기의 대중적 질문에서부터 최근 신약학자들의 전문적 비판까지 끊임없이 제기되는 질문이다.[168] 사실 예수의 부활을 역사적으로 증명할 수 있는 것은 예수의 빈 무덤과 예수의 부활에 관한 천사의 말씀을 들었다고 하는 여자들의 주장과 갈릴리에서 예수의 나타나심을 보았다고 하는 제자들의 주장뿐이다.

또한, 부활에 관한 가장 오래된 증언 곧 A.D. 55년이나 56년으로부터 유래하는 고린도전서에서 말씀하신 게바와 열두 제자 그다음 한꺼번에 500명의 형제에게 나타났다는 기록뿐이다. 그러므로 '예수의 부활이 역사적 사실인가'라는 질문이 일어날 수밖에 없다.

근대의 학문은 합리성에 기반을 두고 발전했기에 합리적 진술을 객관성 있게 받아들인다. 부활의 역사성을 의심하는 가장 큰 이유는 그 밑에는 부활을 합리적으로 받아들일 수 없다는 확신이 놓여 있기 때문이다.[169] 합리성에 기반을 두고 판단하는 시대에는 부활의 역사성을 증명할 수가 없다.

이런 문제에 답하기 위해 몰트만은 최초의 공동체들에 집중한다. 최초의 공동체가 예수에 관한 그들의 신앙을 표현하는 모든 그리스도의 칭호를 보면 부활절 사건에 그들의 신학 근거를 가지고 있다는 것이다.[170]

---

168 김동건 · 김성수 · 장성운, 『신학이 있는 묵상 3』 (서울: 대한기독교서회, 2009), 70.
169 김동건, 『예수: 선포와 독특성』 (서울: 대한기독교서회, 2018), 401.
170 위르겐 몰트만, 김균진 김명용 역, 『예수 그리스도의 길: 메시아 차원의 그리스도』, 248.

몰트만은 예수가 단순히 거짓 메시아로 로마인들에게 처형되었다면 그의 고난은 예수 이전과 이후에 있었던 자칭 메시아라는 사람들과 다르지 않았을 것이라고 보았다. 동시에 예수가 예언자나 그의 백성의 의로운 자들 중 한 사람으로 죽으셨다면 그의 죽음은 특별한 일도 아닐 것이라고 말한다. 하지만 몰트만은 하나님께서 나사렛 예수를 죽음에서 부활하게 하심으로 최초의 공동체가 예수를 하나님의 아들과 모든 백성의 구원자로 고백한다면 완전히 달라진다고 보았다.[171]

예수의 죽음에서 저주하고 갈릴리로 도망했던 제자들이 예루살렘으로 돌아와 십자가에 달려 죽으신 그가 하나님께서 부활시키신 주님이고 그리스도라고 분명하고도 확실하게 선포한다. 그 이유는 예수의 부활이 예수의 칭호뿐만 아니라 예수의 사역을 확증하는 역사적 사건이었기 때문이었다. 이것은 어느 정도 확실한 역사적 자료다. 이 자료는 놀랍게도 충분하다고 말한다.[172]

부활의 역사성에 대해 김동건은 예수의 부활에 접근하는 방법이 크게 두 가지 있음을 말한다. 하나는 부활을 신학적으로 접근하는 것이고 또 다른 하나는 역사적으로 접근하는 것이라고 말한다.[173] 여기서 역사적 접근이라는 것은 부활을 역사의 범주에서 다루며, 부활이 역사적 사실인지 밝히는 것에 치중하는 방법이다.

김동건은 사실상 부활은 역사학의 대상이 되지 못한다고 본다. 그 이유는 '부활'은 일반 역사적 사건과 성격이 다르고 초월적 성격을 다루기 때문이라는 점이다. 실제 역사학은 시간과 공간 안에서 일어난

---

171 위의 책, 249.
172 위의 책, 308.
173 김동건, 『예수: 선포와 독특성』, 428.

사건만을 다룰 수 있지 초월적 사건을 다루지 못한다.[174] 부활은 초월적 사건이지만 부활한 자를 만난 제자들의 경험과 주변 정황은 '역사적'이다. 예수가 십자가에서 죽으신 뒤에 일어난 일들은 부정하기 힘든 역사적 사실이다. 예수의 추종자들은 좌절 상태에서 대전환이 일어났고 예수를 그리스도로 고백하는 초대 교회 공동체가 형성되었다.

이 일련의 사건들은 어떤 선행하는 사건의 결과인데 바로 그것이 부활이다.[175] 제자들의 전환과 초대 교회의 형성 원인을 모두 부활로 보고 있는데 예수의 부활이 역사적 사건이 아니라면 제자들의 행동을 다른 원인으로 설명해야 하지만 그 어떤 것으로도 설명할 수 없기 때문이다.[176]

몰트만은 모든 사람이 죽은 예수를 "살아 계신 분"으로 보았다는 보도에 있어서 일치하고 있다는 점에 주목한다. 즉, 그들은 예수가 삶으로 돌아오셨다고 말하지 않고 오히려 하나님의 영광 속에서 살아 계신다고 말한다. 그들은 초자연적 빛의 환상들을 경험한 것이다.[177]

몰트만은 이런 경험의 실체는 주관적 해석 없이 벌거벗은 사실로 나타낸다는 것은 불가능하다고 생각한다. 즉, 몰트만은 주관적 해석 없는 벌거벗은 사실들만을 나타낼 경우 비역사적 추상화만이 결과가 될 뿐이라고 보았다.[178]

---

[174] 위의 책, 429.
[175] 위의 책, 421-444.
[176] 위의 책, 443.
[177] 위르겐 몰트만, 김균진 김명용 역, 『예수 그리스도의 길: 메시아 차원의 그리스도』, 310.
[178] 위의 책.

몰트만은 우리가 "전혀 다른 것"을 인지할 때, 우리 자신이 철저히 변화된다고 생각한다. 예수 부활의 경험은 분명히 실존을 변화시키는 경험이었다.[179]

예수의 제자들의 변화를 그 어떤 것으로도 설명할 수 없고 그들의 증언뿐인데 이때의 모든 증언은 예수의 부활이라고 한다. 사실상 예수를 따랐던 사람들은 예수의 죽음 앞에 실망과 불안 속에서 예루살렘을 떠나 갈릴리로 도망해 자신의 목숨을 구하고자 했다. 하지만 그들이 예루살렘으로 돌아와 그들의 생명을 내걸고 그리스도를 '자유로이' 선포하는 사도로 변화되었다. 이것을 몰트만은 부활이 역사적 사실임을 드러내는 것이라고 말한다.[180]

역사학에서 중요하게 여기는 일반 원칙은 역사에는 원인 없는 결과가 없다는 것이다. 예수가 십자가에 달리실 때 제자들은 모두 달아났다. 이것은 자신들이 따랐던 이유와 희망을 포기한 사건이다. 하지만 성경은 불과 얼마 지나지 않아 예수를 위해 순교한다. 이 순교는 역사적 사실인데 이런 원인이 예수의 부활이었다.[181]

몰트만도 예수의 제자들은 예수의 죽음 앞에서 돌아갔고 그들의 제자직도 포기했지만 환상의 현상들 때문에 다시 예루살렘으로 돌아온 것에 주목하고 이것은 예수의 부활의 역사 외에는 그 어떤 것으로도 설명할 수 없는 것으로 말한다.[182] 예수의 제자들은 로마인들에 의해 십자가에 달린 갈릴리 사람의 신봉자로서 예루살렘에서 박해와

---

179 위의 책.
180 위의 책, 310-311.
181 김동건·김성수·장성운, 『신학이 있는 묵상 3』, 73-75.
182 위르겐 몰트만, 김균진 김명용 역, 『예수 그리스도의 길: 메시아 차원의 그리스도』, 312.

처형을 받을 수밖에 없다는 것을 알면서도 그리스도의 제자로서 예루살렘으로 돌아왔다.[183]

제자들은 예수의 부활을 죽으신 예수에게서 일어난 하나님의 종말론적 행위로 받아들였다. 그런 의미에서 부활은 지상의 예수가 누구인가를 나타내기도 하고 예수의 메시아적 요구를 증명하며 성취한 역사적 사건이었다.[184]

그리스도의 십자가 죽으심은 고통스러운 것이었지만, 부활이라는 사실의 빛에서 볼 때 십자가 죽으심은 고통으로서만 끝난 것이 아니었다. 몰트만은 이것을 구원하는 비밀이었다고 말한다. 부활은 새로운 해석을 불러일으키는 비밀이 되었다. 몰트만은 그리스도의 부활 근거에 의해서 그리고 그의 미래의 영광의 전조 속에서 그리스도의 고난은 이미 지금 여기에서 신적 고난으로 계시된 것으로 본다. 또한, 하나님의 고난으로 이해한다.[185]

이렇게 그는 예수 그리스도의 고난을 새롭게 해석하려고 했다. 즉, 부활의 빛에서 고난을 보려고 했다. 역사 속에 계셨던 예수가 고난을 받으셨고 역사 속에서 부활함으로 그 자신을 드러내셨다. 몰트만은 예수의 부활 입장에서 세계를 보면 십자가에서의 그의 죽으심은 허무한 최후가 아니라고 말한다. 오히려 그의 사명과 그의 순종의 완성으로 보게 된다. 부활의 빛에서 예수의 십자가에서의 최후는 이 세계의 참된 시작이었다.[186] 몰트만은 예수가 죽은 자들 가운데 다

---

183 위의 책, 314-315.
184 위의 책, 248.
185 위의 책, 250.
186 위르겐 몰트만, 박봉랑 외 4인 역, 『성령의 능력 안에 있는 교회: 메시아적 교회론』, 135.

시 사신 것은 그를 믿는 모든 사람을 위해 그를 정당화시킨 사건으로 본다.[187]

3) 실천 속에서 만나는 그리스도

예수를 따른다는 것과 안다는 것은 단순히 그리스도의 교리를 배우는 것을 뜻하지 않는다. 오히려 예수의 가르침에 따라 실천하는 것이다. 몰트만은 예수의 뒤를 따르는 이 실천 속에서 그를 참되게 알게 된다고 말한다.[188] 그는 그리스도론은 기독교 신앙을 전제하는 동시에 더 넓은 의미에서 그리스도 실천을 전제한다고 보면서 그리스도론은 그리스도 실천에서 생성된다고 말한다.[189]

몰트만은 자신의 신학적 그리스도론을 그리스도와 실천의 관련성 속에서 고찰한다. 그리고 실천 속에서의 경험들을 받아들이고 사람들을 앞으로 일어나는 새로운 경험들을 향해 개방시킨다고 말한다. 즉, 그리스도론은 기독교적 삶으로부터 오며 기독교적 삶으로 인도한다는 것이다.[190] 역사 속에서의 실천은 몰트만의 그리스도론에서 중요한 특징 중 하나다.

김동건은 몰트만의 그리스도론을 이론과 실천의 동시성을 매우 강조한 것으로 평가한다. 즉, 몰트만의 신학 자체가 실천 지향적이라

---

187 위의 책.
188 위르겐 몰트만, 김균진 김명용 역, 『예수 그리스도의 길: 메시아 차원의 그리스도』, 74.
189 위의 책, 71.
190 위의 책, 74.

는 것이다.[191] 몰트만의 그리스도론은 현실에서 유리되어 장소가 없는 이론이 아니다. 오히려 그리스도에 관한 고백과 그를 따르는 것이 결합되어 있다.[192] 몰트만의 그리스도론은 이론과 실천이 분리될 수 없다. 왜냐하면, 그리스도론은 그리스도의 공동체 삶 속에 있는 그의 자리와 관계되어 있기 때문이다.

몰트만은 이 관계가 너무 복잡하기에 간단히 규명될 수 없다고 말한다. 그리스도론은 기독교 실천을 통해 드러나는 현상이 아니다. 더군다나 기독교의 실천은 그리스도론의 이론을 적용하는 것도 아니다. 이론 그 자체가 실천이라고 한다. 즉, 몰트만은 그리스도론과 기독교 윤리는 분리될 수 없다고 생각한다.[193] 그리스도의 실천과 윤리는 이미 삶 자체이기에 따로 떼어서 설명할 수 없다. 이처럼 몰트만은 실천을 그리스도론과 연계한다.

그렇다면 몰트만이 생각하는 구체적 실천의 장소는 어디인가?

그는 그리스도가 현재하시는 곳에 주목한다. 특히, 그는 십자가에 달리시고 부활하신 그리스도가 자신이 현재하겠다고 약속하신 곳에 유일하게 계신다고 말한다.[194] 그리스도가 현존하실 것을 약속하신 그 장소에 현재하신다는 의미다. 몰트만은 그리스도가 현재하겠다고 약속하신 곳을 "타자"라고 말한다.

여기서 그가 말하는 타자는 다음과 같다.

---

191 김동건, 『그리스도론의 역사: 고대 교부에서 현대 신학자까지』, 800.
192 위르겐 몰트만, 김균진 김명용 역, 『예수 그리스도의 길: 메시아 차원의 그리스도』, 71.
193 위의 책, 72.
194 위르겐 몰트만, 박봉랑 외 4인 역, 『성령의 능력 안에 있는 교회: 메시아적 교회론』, 183.

첫째, 사도직, 성례전, 친교
둘째, 지극히 작은 형제들
셋째, 그의 파루시아

그를 따르는 자든, 공동체든 그리스도가 계신 곳에 교회가 있다고 한다면 그리스도가 말씀으로 약속하신 세 가지 현존의 모습을 자신 속에 결합시켜야 한다.[195]

좁은 의미에서 그리스도인의 실천은 예수의 뒤를 따르는 삶이다. 즉, 가난하고 병든 사람들과 죄인들을 향한 예수의 메시아적 파송에 기독 공동체가 참여하는 것을 가리킨다. 이 실천도 그리스도적 이론의 적용이 아니라 하나의 삶의 길이다. 삶 속에서 실천으로 나타나는 부분이다. 이런 삶 속에서 나타나는 실천은 인간이 자신의 모든 것을 가지고 행동하며 고난당하는 것이다. 이런 실천과 기도 속에서 인간은 예수가 본래 누구신가를 경험하는 길이 된다.[196]

몰트만은 "너희 말을 듣는 자는 내 말을 듣는다"라는 그리스도의 파견과 "그들을 방문한 자는 나를 방문한 것이다"라는 그리스도의 기다림 속에 그리스도의 교회는 서 있다고 본다. 그는 파견과 기다림을 결합시켜야 한다고 주장한다. 더 나아가 교회는 십자가에 달린 분과의 친교를 가난한 자들 안에서 찾아야 한다고 말한다. 그렇지 않는다면 교회가 그리스도의 현재 안에 존재할 수 없기 때문이다. 더욱이

---

195 위의 책, 183-184.
196 위르겐 몰트만, 김균진 김명용 역, 『예수 그리스도의 길: 메시아 차원의 그리스도』, 73.

그의 진리 안에 존재할 수 없다.[197] 몰트만은 그리스도가 약속하신 실천의 장에서 오늘도 그리스도를 만날 수 있다고 말한다.

그리스도와의 사귐은 자신을 넘어서 그리스도의 통치의 완성을 향해 살아가게 된다.[198] 이때 하나님의 의를 맛본 사람들은 구원받지 못한 세계와 울고 있는 생명을 사랑하며 지배적 상황과 타협하지 않고 함께 의에 주리며 목말라 하게 된다. 몰트만은 한순간이라도 하나님의 사랑을 경험한 자라면 하나님의 영광을 추구하게 된다고 말한다. 죄의 용서를 믿는 자들은 이 세계의 불의에 대해 함께 울기 시작하며 그 눈에서 눈물이 씻기기를 기다린다.[199]

3. 우주적 차원의 그리스도

하나님은 어디에 거하시는가?

이 질문은 모든 시대에 걸쳐 일어난 질문이다. 과거에는 하나님을 인간과 역사 속에 계신 하나님으로 대답해 왔다. 하지만 몰트만은 한 차원 더 나아가 이 질문에 대해 대답한다. 몰트만은 하나님의 영원한 나라가 시작되기 전에 오시는 하나님은 그의 '쉐키나'에 존재하신다고 말한다.[200]

---

197 위르겐 몰트만, 박봉랑 외 4인 역, 『성령의 능력 안에 있는 교회: 메시아적 교회론』, 189.
198 위르겐 몰트만, 김균진 김명용 역, 『예수 그리스도의 길: 메시아 차원의 그리스도』, 279.
199 위의 책.
200 위르겐 몰트만, 곽미숙 역, 『세계 속에 있는 하나님: 하나님 나라를 위한 공적인 신학의 정립을 지향하며』, 38.

여기서 '쉐키나'라고 하는 것은 피조물 가운데 하나님의 내주하심, 현존하심을 나타내는 히브리 개념이다. 이 개념을 가지고 몰트만은 하나님이 인간과 역사 속에 현존하신다는 차원을 넘어 피조물에도 현존하신다고 주장한다. 즉, 우주 만물에 현존하신다고 말한다.

몰트만은 근대가 시작됨으로 신학의 중심이 그리스도의 부활의 역사에 있다고 말한다. 그 이유는 '역사'가 근대 세계의 커다란 파라디그마(Paradigma)가 되었기 때문이다. 이때의 역사는 자연을 배제한 인간의 역사일 뿐이었다.[201]

분명히 몰트만은 역사와 우주 즉 자연을 구별했다. 왜냐하면, 역사라고 할 때 그 중심에는 자연을 제외했기 때문이다. 몰트만은 150년 전부터 부활 신앙을 단지 '역사'라고 하는 파라디그마의 틀 속에서 논의해 왔던 현대 기독교 신학이 더 이상 타당하지 않다고 여겼다.

그는 신학은 여기서 한 걸음 더 나아가서 역사를 넘어 자연 속에 있는 생태학적 조건들을 통찰해야 한다고 강조한다.[202] 몰트만은 하나님 아들의 행동은 우주적이라고 말한다. 하나님 아들의 행동은 시간적으로는 태초부터 종말까지 모든 세대에게 미치고 공간적으로는 전 인류 위에 미친 것이다.[203]

김동건은 몰트만이 우주적 그리스도론을 주장한 이유는 자연에 관한 인식의 전환으로부터 시작되었다고 본다. 그 원인은 19세기 이후 큰 영향을 미친 '역사적 사고'가 한계에 도달했다는 것을 알았기 때

---

201 위르겐 몰트만, 김균진 김명용 역, 『예수 그리스도의 길: 메시아 차원의 그리스도』, 348.
202 위의 책.
203 위르겐 몰트만, 박봉랑 외 4인 역, 『성령의 능력 안에 있는 교회: 메시아적 교회론』, 109.

문이다. 그 이전까지는 이성이 중요한 범주였고, 신학에서도 형이상학적 사고가 지배적이었다. 이때까지만 해도 인간이 역사의 중심이고 인간은 자연을 지배하고 대립함으로 자연은 인간에 의해 희생되었고 생태계가 파괴되었다는 것이다. 이런 변화 속에서 몰트만은 생태계 파괴에 관한 극복을 위해 고심했다.[204]

김도훈은 몰트만이 자신의 책 제목을 『예수 그리스도의 길』이라고 붙인 이유는 하늘의 영원한 그리스도를 원하지 않고 역사 안의 갈등 속에서 길을 찾고 있으며 인생의 방향을 찾고 있는 인간을 위한 그리스도론을 원했기 때문이라고 말한다.[205] 하지만 몰트만은 예수 그리스도의 길은 시간과 공간적 여정을 포함하는 길인데 그 길은 우주의 넓고 깊은 모든 것뿐만 아니라 이스라엘과 모든 민족 즉 모든 곳에 이르는 그리스도의 길을 의미하는 것이라고 말한다.[206]

몰트만은 자신의 그리스도론이 우주적 그리스도론에서 비로소 완성된다고 보았다. 그는 모든 다른 그리스도론은 충분하지 못하다고 생각한다. 그 이유는 그리스도가 죽은 자들로부터 일어난 장자이시기에 그는 새로운 인간성의 새 아담일 뿐만 아니라 모든 창조의 장자로 이해될 수밖에 없다고 판단했기 때문이다.[207]

---

[204] 김동건, 『그리스도론의 역사: 고대 교부에서 현대 신학자까지』, 940.
[205] 김도훈 "몰트만의 그리스도론의 방법론적 특성", 217.
[206] 위르겐 몰트만, 박봉랑 외 4인 역, 『성령의 능력 안에 있는 교회: 메시아적 교회론』, 109.
[207] 위르겐 몰트만, 김균진 김명용 역, 『예수 그리스도의 길: 메시아 차원의 그리스도』, 389.

1) 우주적 그리스도론의 재발견

몰트만은 근대의 역사적 그리스도론을 넘어서서 이제는 자연의 그리스도론을 발전시키는 것이 그리스도의 일로부터 필연적인 일이 되었다고 판단하고[208] 그리스도론을 역사적 그리스도론의 한계를 넘어선 자연적 그리스도론에 이르게 하려고 했다.

그 이유는 크게 두 가지다.

첫째, 서구 산업 사회의 '생태학적 위기'는 이미 생태학적 대재난이 되어 버렸기 때문이다.

어떤 경우에도 이 생존을 위한 투쟁 속에서 연약한 생물들이 먼저 죽음에 이르게 된다. 해마다 수백 종의 식물과 동물이 멸종되고 있는데. 우리는 이들을 결코 다시 소생시킬 수 없을 것이다. 먼저 삼림이 고사하고 나서, 아이들이 죽어갈 것이다.[209]

이런 생태학적 위기는 우선적으로 서구의 '과학 기술 문명'을 통해 초래된 위기라고 몰트만은 주장한다. 이는 결코 부인할 수 없는 사실이다. 몰트만은 지구의 '생태학적 위기'가 현대의 '과학 기술 문명' 자체의 위기라고 믿는다. 현대 세계의 거대한 프로젝트는 좌초될 위기에 직면해 있다. 이는 도덕적 위기뿐만 아니라, 현대인이 신뢰했던 종교에 관한 깊은 위기를 중요한 문제로 보고 몰트만은 이것을 입

---

208 위의 책, 383.
209 위르겐 몰트만, 곽미숙 역, 『세계 속에 있는 하나님: 하나님 나라를 위한 공적인 신학의 정립을 지향하며』, 138.

증하려고 했다.[210]

그는 만약 자연환경과 결합되어 있는 인간 사회의 생태계 안에서 자연이 죽어 간다면, 이로부터 논리적으로 한 부분에만 국한되지 않는 총체적 체제, 삶에 관한 태도와 행동, 특히 기본 가치들과 신념의 위기가 도래하게 되리라고 판단한다.[211]

둘째, 몰트만은 현대의 기독교가 위기에 직면했다고 본다.

그것은 관계성의 위기와 동일성의 위기로 본 것이다. 교회가 현대의 제반 문제에 관계를 맺으려고 하면 고유의 기독교적 동일성을 상실할 위기에 직면하게 되고, 고유의 기독교적 동일성을 지키려고 하면 현실의 제반 문제에 등한시하게 됨으로 동시에 두 가지를 이해할 수 없다. 이것을 몰트만은 "이중 위기"라고 표현한다. 즉, 동일성-참여의 딜레마 문제라는 것이다. 몰트만은 동일성과 참여의 딜레마가 현재 더 시급한 것으로 진단하고 있다.[212]

사실상 제2차 세계 대전 동안 교회와 신학은 방해를 받지 않았다. 이때까지는 기존의 신학을 단순 반복해도 별문제가 되지 않았다. 그런데 교회와 신학은 얼마 지나지 않아서 새로운 것을 인식하게 되는데 점점 주변의 학문적, 사회적, 정치적 현실과의 관계를 상실할 위기에 놓였고 실제 그런 일이 벌어졌다.[213]

---

210 위의 책.
211 위의 책, 142-143.
212 위르겐 몰트만, 김균진 역, 『십자가에 달리신 하나님: 기독교 신학의 근거와 비판으로서의 예수의 십자가』, 20.
213 위의 책.

이런 때 몰트만은 점점 교회와 신학은 사회와의 접촉을 상실하고 있으며, 현실에 대해 무감각해져 있다는 사실을 목격한 것이다. 당시 많은 신학도는 신학 공부나 성직, 수도원을 버리고 사회학, 심리학, 혁명에 대해 공부하기 시작했고, 또한 사회의 빈민 지역에서 일했다. 그 이유는 이런 것이 사회의 모순들을 해결하는 데 더 기여할 수 있다고 여겼기 때문이다. 그는 당시 기존 교회와 신학이 화석화된 것으로 보았다.[214]

이런 문제로 세계 안에는 다양한 물결이 일어났다. 즉, 성경의 비신화화론에 관한 이론적 토론, 전통의 세속화, 세계를 향한 교회의 자기 개방 등이다. 이것이 점점 많은 지역에서 교회의 불순종, 사직, 교회 탈퇴, 반항, 체념까지 이르게 되었다고 몰트만은 생각한다. 또한, 비판적 신학으로부터 비판적 가톨릭주의, 비판적 교회가 나타났고 결국 교회와 신학 일반을 비판하기 시작했다.

많은 사람이 이 세상에서 억압당하고 버림받은 사람들의 고난에 관해 관심을 가지게 되고 사회적, 정치적 참여의 격정을 알게 되었고 결국 문제는 그들이 이 길을 택했을 때 기존의 교회를 버릴 수밖에 없다고 생각하기까지에 이르렀다고 몰트만은 지적한다. 그 이유는 현 제도 내에서 이 참여를 실현할 수 있는 가능성을 발견하지 못했기 때문이고 그들의 참여는 빈번히 교회의 관심과 모순되었기 때문이었다.[215]

몰트만이 당시의 교회와 신학을 보니 교회와 신학은 자기의 구조를 지속시키고자 현실의 고통당하는 사람들을 외면하고 있음을 보았

---

214 위의 책, 21.
215 위의 책.

다. 즉, 교회는 교회의 창조력을 상실한 상태였다. 이때 몰트만은 교회를 세계와 관련 있는 삶의 형태로 혁신하고자 하는 당시의 모든 노력에는 한계가 있음을 발견한다. 그리고 교회와 사회가 서로 긴밀히 관련되어 있다는 사실과 사회 개혁이 결여된 교회 개혁은 목적을 이룰 수 없다는 사실을 인식한다. 교회를 다시 세계의 책임 있는 공동체로 세우려는 많은 노력이 있었다.[216]

몰트만은 '역사'라고 하는 근대의 패러다임 속에서는 인간학적 그리스도론이 필요했지만, 원하지 않게 근대의 자연을 파괴하는 요인으로 작용했다고 판단한다.[217] 그는 '역사'라고 하는 근대의 패러다임이 지닌 한계를 인식한 것이다. 인간 자신에 있어서 역사와 자연을 근본적으로 구분한다는 것은 불가능하다.

몰트만은 에베소서와 골로새서의 우주적 그리스도론이 근대 서구 신학에서 하나의 신화나 사변으로 취급받아 왔던 것을 비판하면서 이제 '역사적 그리스도론'을 넘어서서 우주적 그리스도론으로 발전시키는 것이 필연적이라고 강조했다.[218]

기독교 신학은 그리스도 안에서 개인 구원만이 아니라 우주적 지혜를 재인식했는데, 골로새서가 제시하는 바와 같이 이 지혜를 통해 모든 만물이 존재하는 것을 발견하게 된다. 그 속에서 몰트만은 그리스도는 이 세계의 신적 신비시며, 누구든지 그리스도를 경외하는 사람은 그 안에서 창조된 모든 만물을 경외하게 된다고 보았다. 동시에

---

216 위의 책.
217 위르겐 몰트만, 김균진 김명용 역, 『예수 그리스도의 길: 메시아 차원의 그리스도』, 383.
218 위의 책.

창조된 모든 만물 안에서 그리스도를 경외하게 된다고 판단한다.[219]

몰트만은 만약 인류가 종전의 발전을 변경시킬 수 없다면, 인류는 전 우주적 생태계 죽음으로 향하는 도상에 놓여 있다고 본다.[220] 실제 몰트만은 현재 이 세상의 자연재해 현상을 지적한다.

그의 말을 들어보자.

> 이산화탄소와 메탄가스가 대기권의 오존층을 파괴하고, 화학 비료와 여러 종류의 살충제의 남용이 토양을 볼모지로 만들고 있으며, 이미 지금 세계 기후가 변하고 있으며, 인간에 의해 초래된 가뭄과 홍수와 같은 '자연재해들'이 보다 많이 발생하고 있으며, 북극과 남극의 빙하들이 녹아내리고 있으며, 함부르크와 같은 해안 도시들과 방글라데시와 남태평양 섬들과 같은 해안 지역이 다음 세기에 수몰됨으로써 요컨대 지구상에 있는 모든 생물을 위협하게 될 거라고 학자들은 증거 자료들을 제시하고 있다.[221]

몰트만은 서구 산업 사회의 '생태학적 위기'는 이미 생태학적 대재난이 되어 버렸다고 보았다. 이어서 그는 그 속에서 연약한 생물들이 먼저 죽게 되며 해마다 수백 종의 식물과 동물이 멸종되고 결국 사람마저도 죽음에 던져질 것을 예고한다.[222]

---

219 위르겐 몰트만, 곽미숙 역, 『세계 속에 있는 하나님 : 하나님 나라를 위한 공적인 신학의 정립을 지향하며』, 144.
220 위의 책, 137.
221 위의 책, 137-138.
222 위의 책, 138.

몰트만은 이제 근대의 역사적 그리스도론은 오늘날 생태학적 그리스도론으로 지양되어야 한다고 말한다. 오히려 '역사'라고 하는 파라다임가가 불충분하며 파괴적인 것으로 증명되는 바로 이 시점에서 역사적 그리스도론은 생태학적 그리스도론으로 지향되어야 한다고 말한다. 이런 방향에서 "우주론적 그리스도"에 관한 그리스도론이 전개되고 있고 전개되어야 한다고 주장한 것이다.[223]

생태학적 위기가 일어난 원인은 인간의 천직에 관한 하나님의 계명, 곧 "생육하고 번성하여 땅에 충만하라 땅을 정복하라 바다의 물고기와 하늘의 새와 땅에 움직이는 모든 생물을 다스리라"(창 1:28)는 말씀을 성취하기 위해 인간에게 맡긴 의무를 너무 과도하게 실천했기 때문이다.[224]

오늘날 생태학적 재난의 시대가 근대로 말미암아 야기되었다고 판단한 몰트만은 하나의 새로운 우주적 그리스도론을 발전시키려고 했다. 그는 우주적 그리스도론을 통해 근대의 역사적 그리스도론을 지양하고 이것의 한계를 극복해 진리들을 지키려고 했다. 이때 기독교 신앙은 오늘날의 세계 상황 속에서 그리스도의 치유 능력을 발견할 뿐만 아니라 치유 능력을 경험할 수 있게 할 것이다.[225]

그렇다면 우주적 그리스도론이 고대 세계에는 없었는가?

---

223 위르겐 몰트만, 김균진 김명용 역, 『예수 그리스도의 길: 메시아 차원의 그리스도』, 349.
224 위르겐 몰트만, 곽미숙 역, 『세계 속에 있는 하나님: 하나님 나라를 위한 공적인 신학의 정립을 지향하며』, 144.
225 위르겐 몰트만, 김균진 김명용 역, 『예수 그리스도의 길: 메시아 차원의 그리스도』, 384.

최근 "우주적 그리스도론이 발전하였다는 것인가"라는 질문이 발생한다. 여기에 대해 몰트만은 고대 세계에서도 우주적 그리스도론이 있었다고 말한다. 그러나 고대 세계에서 이해한 우주적 그리스도론은 단지 세력들과 영들과 신들의 세계와 관련해 그리스도를 이해했다고 본다.[226]

이 시기에는 만유의 화해에 관한 선포는 신자들을 마귀에 관한 공포와 세계에 관한 불안에서 해방하는 차원이었다는 것이다.[227] 즉, 우주적 그리스도론은 인간에게 제한되어 사용되었고 모든 피조물까지 포함하지 않았다.

몰트만은 기독교 역사에 나타났던 우주적 그리스도론을 비판했다. 그 이유는 고대의 우주적 그리스도론은 예수의 선재에서 시작하고 성육신을 강조하는 구조인데 이것은 그리스도가 중재자이고 구원의 대속자라는 사실이다. 인간의 구원을 위해서는 신의 대속 행위가 필요했는데 이때 우주론적 그리스도론은 인간의 구원이 그리스도의 죽음과 부활을 통해 주어지는 구조로 되어 있었다.[228]

몰트만은 오늘날의 우주적 그리스도론은 인간에 의해 카오스의 상태로 만들어진 것과 독성 쓰레기로 오염되었으며 우주적 죽음으로

---

226 위의 책, 384.
227 위의 책.
228 김동건은 몰트만의 '우주적 그리스도론'에 관한 비판에 전적으로 동의하기 어렵다고 말한다. 그 이유는 몰트만이 언급한 우주론적 그리스도론은 고전기의 교부들이 사용한 대표적 그리스도론 유형 중 하나로 이것은 '존재론적 그리스도론'에 속하고 오랫동안 중요한 역할을 했고, 지금도 하고 있기 때문이다. 특히, 예수 그리스도를 이해하기 위한 '유형'은 하나만 있는 것이 아니므로 시대와 상황에 따라 여러 유형이 필요하다고 주장한다. 김동건, 『그리스도론의 역사: 고대 교부에서 현대 신학자까지』, 790 인용.

저주받은 만물들과의 관련 안에서 그리스도론을 이해해야 한다고 말한다. 즉, 자연 전체의 구원을 말해야 하는 시기라고 주장한다. 자연 또한 구원의 대상으로 보는 이유는 인간을 자신이 처해 있는 절망에서 구원하고 동시에 자연을 파멸에서 지키기 위함이다.[229] 몰트만은 인간이 자연을 떠나서는 살 수 없다고 판단한 것이다.

몰트만은 자신의 시대에 우주적 그리스도론의 재발견은 결국 생태학적 그리스도론에서 시작할 수밖에 없을 것이라고 말한다. 만유의 회복이 그리스도론의 시작이라고 한다. 이때 우주적 그리스도론은 인간의 과도한 실천으로 인해 고통을 당하는 자연에 대해 치료적 타당성을 얻게 된다.[230]

2) 우주적 그리스도론의 성경적 근거

몰트만은 우주적 그리스도론의 정당성을 가지기 위해 성경에 근거를 제시한다. 성경적 근거가 없는 그리스도론은 타당하지 않기 때문이다. 그는 그리스도와 창조와 관련해서 성경을 제시하는데 특히, 바울이 쓴 편지를 인용한다. 바울 서신들 속에 나타난 우주적 그리스도에 관한 진술들이 창조의 중재자직에 관한 고백 속에 나타난다.[231]

그는 "그러나 우리에게는 한 하나님 곧 아버지가 계시니 만물이 그에게서 났고 우리도 그를 위하여 있고 또한 한 주 예수 그리스도께

---

[229] 위르겐 몰트만, 김균진 김명용 역 『예수 그리스도의 길: 메시아 차원의 그리스도』, 384.
[230] 위의 책, 281.
[231] 위의 책, 292.

서 계시니 만물이 그로 말미암고 우리도 그로 말미암아 있느니라"(고전 8:6)라는 바울의 증언을 인용해 말하기를 모든 사물이 창조자 하나님과 그리스도를 통해 창조되었다면, 그리스도를 창조의 중재자로 받아들여야 한다고 주장한다.

그리스도는 세상을 창조하기 이전 하나님과 함께 계셨고 하나님은 그를 통해 모든 사물을 지으신(잠 8장) "지혜"와 동일시될 수 있다.[232] 또한, 몰트만은 솔로몬의 지혜서 12:1을 인용해 말하는데 여기 나타나는 말씀과 영을 통해 창조주는 그의 피조물에게 몸소 말씀하시고 그 안에 임재하시고 계심을 드러낸 것이라고 말한다.[233]

"내리셨던 그가 곧 모든 하늘 위에 오르신 자니 이는 만물을 충만하게 하려 하심이라 그가 어떤 사람은 사도로, 어떤 사람은 선지자로, 어떤 사람은 복음 전하는 자로, 어떤 사람은 목사와 교사로 삼으셨으니 이는 성도를 온전하게 하여 봉사의 일을 하게 하며 그리스도의 몸을 세우려 하심이라"(엡 4:10-12)라는 말씀에서는 하나님께서 우주 만물의 창조주라고 말한다.[234]

몰트만은 예수의 부활과 창조와 관련된 성경을 제시하는데 특히 바울의 아레오바고 설교는 그리스도를 보편적 차원에서 그리고 우주적 차원에서 선포한 것이라고 본다. 이 설교는 창조와 죽은 자들의 부활과 관련해 보편주의적 성격을 지니고 있었으며, 초기 기독교 유

---

232 위의 책, 392.
233 위르겐 몰트만, 곽미숙 역,『세계 속에 있는 하나님: 하나님 나라를 위한 공적인 신학의 정립을 지향하며』, 150.
234 위르겐 몰트만, 박봉랑 외 4인 역,『성령의 능력 안에 있는 교회: 메시아적 교회론』, 419.

대인들을 향한 설교와 달리 이방인들을 향한 설교였다.[235]

바울은 그리스도를 이스라엘의 메시아로 본 것이 아니라 인류의 새 아담으로 선포한 것이며, 하나님을 이스라엘의 조상의 하나님 차원을 넘어 우리가 그 안에서 살아서 움직이며 존재하는 창조자로 선포했다.[236] 또한, 로마서 14:7을 인용해 부활과 창조는 함께 밀접한 관계가 있다고 말한다.

죽은 예수 그리스도를 살리신 하나님은 존재하지 않는 것을 존재하게 하는 바로 그분이시다. 또한, 세계를 무에서 유로 부르신 그는 죽은 그를 다시 살리신 하나님이다. 몰트만은 시작과 끝, 창조와 부활은 함께 속하며 분리될 수 없다고 말한다.[237]

몰트만은 "그는 보이지 아니하는 하나님의 형상이시요 모든 피조물보다 먼저 나신 이시니"(골 1:15)라는 말씀으로 예수는 "모든 창조의 장자"라고 말한다. 즉, 예수는 모든 만물보다 먼저 나신 이면서 죽은 자들에게서 일어난 최초의 존재다.[238]

몰트만은 그리스도의 통치도 우주적이라고 말한다. 그는 빌립보서 2:9-11을 제시하는데 이 구절은 승천하신 그리스도의 단독 통치를 이미 찬양하고 있다는 것이다. 바울에게 있어서 우주적이라고 하는 것은 부활하셨고 살리시는 영 안에 현존하시는 그리스도의 통치다.[239] "이는 하나님의 영광의 광채시요 그 본체의 형상이시라 그의

---

235 위르겐 몰트만, 김균진 김명용 역, 『예수 그리스도의 길: 메시아 차원의 그리스도』, 392.
236 위의 책.
237 위의 책, 393.
238 위의 책.
239 위의 책, 392.

능력의 말씀으로 만물을 붙드시며"(히 1:3)에서는 그리스도를 만물을 보존하시는 분으로 말한다.

또한, 몰트만은 에베소서와 골로새서를 통해 우주적 그리스도론을 제시한다. 그리스도는 그의 십자가 죽음을 통해 "적개심을 죽이시고" 유대인들과 이방인들을 하나님과 "화해시키셨다"(엡 2:16). 그리고 하늘과 땅에 있는 "모든 것"이 그를 통해 하나님과 화해되었고, 이를 통해 그는 십자가에서 흘린 그로 평화의 길을 여셨다(골 1:20)는 말씀에 비추어 그리스도는 인간들의 화해를 위해서뿐만 아니라 우주의 화해를 위해 죽었다고 말한다.

몰트만은 이런 말씀에 비추어서 하나님이 모든 것의 구원을 원하지 않으신다면 그는 모든 것의 창조자가 아니라고 보았다.[240]

3) 인간 중심적에서 신 중심적으로 전환

몰트만은 왜 우주적 그리스도를 주장하는가?

기독교는 인간 중심적이 아니라 그리스도에 대한 인격적 신앙을 요구하므로 사실상 그리스도 중심적이라고 생각하기 때문이다.[241] 몰트만에 따르면 인간 중심적 사고는 최근의 상대주의적 세계론으로 인해 위축되고 있으며, 인간 중심적 행동은 사회적으로 폐기되어 간다고 보았다.[242] 실제 기독공동체는 인간 중심적이거나 교회 중심적

---

240 위의 책, 395-396.
241 위의 책, 385.
242 위르겐 몰트만, 김균진 역, 『삼위일체와 하나님의 나라』, 32.

이 아니라 하나님 중심적이어야 한다.[243]

성경은 언제나 신 중심적인데 말씀은 인간 중심적 사고로 지배되었다고 몰트만은 본 것이다. 그는 인간 중심적 사고는 결국 인간을 위한 세계 인식과 정복 그리고 점유의 소재로 세계를 이해하는데 이런 사고를 우주적으로 바꾸어야 한다고 주장한다.[244]

원칙적으로 세계가 인간의 대상이 된다면 교회는 인간의 존재만을 증명하며 하나님을 더 이상 증명하지 않으려고 한다. 인간은 세계와 모든 것을 지배하기 위해 그 자신의 계획과 기획에 따라 피조물을 파악하게 된다.[245]

이렇게 되면 더 이상 우주론적이며 하나님 중심적 규정이 아니라 인간 중심적으로 규정하게 되어 버리고 동시에 우주는 어떤 신성의 '흔적'도 보여 주지 않게 된다. 결국, 이 세상은 인간의 흔적으로 가득 차 버린다.[246]

몰트만은 그리스도 중심성과 하나님 중심성으로 바꾸게 되면 인간을 포함한 우주까지 포괄하게 된다고 말한다. 즉, 우주를 배제하지 않는다는 것이다. 그 이유는 하늘과 땅에게도 일어날 중생이 인격적 신앙에서 경험되기 때문이다.[247]

신앙 안에서 인간은 새 하늘과 새 땅을 바라보게 되고 그 신앙에서 새 하늘과 새 땅을 경험하게 된다는 뜻이다. 몰트만은 교회 안에서는

---

243 위르겐 몰트만, 김균진 김명용 역, 『예수 그리스도의 길: 메시아 차원의 그리스도』, 385.
244 위르겐 몰트만, 김균진 역, 『삼위일체와 하나님의 나라』, 26.
245 위의 책.
246 위의 책.
247 위르겐 몰트만, 김균진 김명용 역, 『예수 그리스도의 길: 메시아 차원의 그리스도』, 385.

언젠가 우주 전체를 포괄하게 될 성령의 전이 미리 앞당겨 건축된다고 생각한다.[248] 신옥수는 몰트만은 하나님의 영이 우주적 성령과 동일한 것으로 주장한다고 보고 성령의 부어짐은 새로운 종말론적 창조의 시작이라고 했다.[249]

이때 몰트만은 우주적 그리스도론은 오늘날 인간의 비이성으로 인해 고난받는 자연 만물을 치료해야 한다는 타당성을 얻게 될 것이라고 말한다.[250]

4) 창조와 그리스도의 관계

몰트만은 신학의 전통에서 첫 번째 하나님의 창조와 두 번째 하나님의 창조가 분리되었다고 비판한다. 둘을 분리해서 생각하게 되면 결국 하나님 창조의 연속성과 통일성에 문제가 발생한다고 보았다.[251] 이 문제를 해결할 수 있는 길은 하나님 나라라고 하는 종말론적 방향을 지닌 창조 과정에 관한 생각을 통해서만 된다고 생각한다.

따라서 몰트만은 신학이라면 당연히 태초의 창조뿐만 아니라 역사 안에서의 창조와 종말에서의 창조, 다시 말해 하나님의 창조의 전체 과정과 연관해 창조를 말해야 한다고 강조한다.[252]

---

248 위의 책.
249 신옥수, "몰트만의 우주적 종말론", 237.
250 위르겐 몰트만, 김균진 김명용 역, 『예수 그리스도의 길: 메시아 차원의 그리스도』, 281.
251 위르겐 몰트만, 김균진 역, 『과학과 지혜: 자연과학과 신학의 대화를 위하여』, 65.
252 위의 책.

몰트만의 그리스도론에서 '자연'과 '종말'은 분리되지 않고 같은 범주에서 사용된다.253 그는 창조론은 태초의 창조를 폐기하지 않고 세계와 연속성을 유지하는 것으로 본다.254 그는 하나님 창조의 총괄 개념으로서의 '창조'는 세 가지 모두 포함되어야 한다고 말한다.

즉, 태초에 이루어진 창조와 역사 내에서의 창조들 그리고 마지막 시대에 완성될 창조다. 그는 신학은 처음에 일어난 창조, 역사적 창조 그리고 종말론적 완성까지 포괄되어야 한다고 말한다.255

(1) 역사 안에서의 창조와 그리스도

몰트만은 창조를 삼위일체적으로 풀어간다. 기독교적 이해에 따르면, 창조는 삼위일체적 사건이다. 아버지 하나님은 성령의 능력 안에서 아들을 통해 이 세상을 창조하셨다. 다른 측면에서 볼 때 모든 만물이 '하나님에 의해' 창조되었고, '하나님을 통해' 형성되었으며, '하나님 안에서' 존재한다.256 몰트만에 따르면 창조는 전적으로 '하나님의 손에 의해 만들어진 하나의 작품'으로 일컬어질 뿐만 아니라 간접적으로 중재되는 하나님의 현존이라고 말한다.257

또한, 몰트만은 창조를 그리스도론적으로 살핀다. 그는 삼위일체 되신 하나님의 역사는 포괄적 지평 속에서 아들의 형태를 고찰해야 한다고 주장한다. 그렇지 않으면 아들 역사의 우주적 의미는 파악될

---

253 김동건,『그리스도론의 역사: 고대 교부에서 현대 신학자까지』, 792.
254 박성권, "몰트만의 메시아적 창조론", 83.
255 위르겐 몰트만, 김균진 역,『과학과 지혜: 자연과학과 신학의 대화를 위하여』, 65.
256 위르겐 몰트만, 곽미숙 역,『세계 속에 있는 하나님: 하나님 나라를 위한 공적인 신학의 정립을 지향하며』, 150.
257 위의 책, 144.

수 없게 된다.²⁵⁸ 이것이 몰트만 창조론의 특징이다. 창조를 그리스도론적으로 바라볼 때 범신론으로 빠지지 않고 범재신론이 된다.

몰트만은 이 세계가 지혜의 메시아를 통해서 창조되었고, 지혜의 메시아 안에서 그들의 존속을 얻는다고 생각한다. 그는 그리스도가 창조적 창조의 근거가 되는 세 가지 측면을 말한다.²⁵⁹

첫째, 모든 것은 하나님에 의해 '그리스도를 통해' 창조되었다는 것이다. 또한, 그리스도를 통해 그들의 사귐을 가진다.
둘째, 모든 것은 하나님에 의해 "그리스도 안에서" 확고하게 되었다. 몰트만은 그리스도의 현존을 통해 카오스의 위협에 대항해 그들의 현존과 삶이 유지된다고 말한다.
셋째, 모든 것은 "그리스도를 향해", 다시 말해 그리스도 때문에 창조되었고 그리스도를 기다린다는 것이다.²⁶⁰

종합하면 몰트만은 모든 것이 지혜로 말미암아 있게 되었으며 그리스도의 중재를 통해 창조되었고 창조자는 모든 사물 안에 있는 그리스도 지혜의 내재적 현존을 통해 만물을 확립한 것이다.²⁶¹ 박성권은 구원 사건으로서 새 창조의 메시아적 의미는 세계의 완성으로 카오스의 위협을 받는 창조 질서는 종말에 구원의 새 창조 질서로 대체

---

258 위르겐 몰트만, 김균진 역, 『삼위일체와 하나님의 나라』, 26.
259 위르겐 몰트만, 김균진 김명용 역, 『예수 그리스도의 길: 메시아 차원의 그리스도』, 401.
260 위의 책.
261 위의 책, 394.

됨으로써 완성될 것이라고 말한다.²⁶² 몰트만이 말하는 새 창조는 하나님 나라의 완성으로 도래할 종말론적 현실이다.²⁶³

또한, 몰트만은 영에 의한 창조를 말한다. 그는 "하나님의 영은 수면에 활동하고 계셨다"(창 1:2)라는 말씀을 인용한다. 창조자는 창조적 말씀을 통해 피조물들을 구분하고 그의 영을 통해 그들을 결합시켰다.²⁶⁴ 하나님의 입김은 세계의 창조가 그 위에 조율된 근원이며 근거다. 말씀과 영은 피조물들의 통일성과 관련해 서로를 보충한다.²⁶⁵

몰트만은 모든 것이 하나님에 의해 그의 지혜 즉 로고스를 통해 창조되었고 확립되었다고 말한다. 결국, 몰트만에 따르면 공간과 시간 속에 있는 그들의 밑바닥에는 내재적으로 통일성이 놓여 있는 것이고, 이 통일성 안에서 그들은 공동으로 함께 존재하는 것이다.

그리고 이 통일성은 그들의 관계 안에서 이차적으로 오는 것이 아니라고 말한다. 오히려 일차적으로 모든 것은 그들의 밑바닥에 놓여 있는 통일성에서부터 온다고 말한다. 이 통일성은 바로 지혜와 영 혹은 하나님의 '말씀'이라고 부른다.

하나님께서 이 기초를 빼 버릴 경우, 모든 것은 무너지고 사멸하게 된다. 하나님이 이 기초를 더욱 강하게 할 때, 그들의 행태들은 새롭게 된다는 것이 몰트만의 생각이다.²⁶⁶ 따라서 몰트만은 창조는 하나

---

262 박성권, "몰트만의 메시아적 창조론", 87.
263 김동건, 『그리스도론의 역사: 고대 교부에서 현대 신학자까지』, 794.
264 위르겐 몰트만, 김균진 김명용 역, 『예수 그리스도의 길: 메시아 차원의 그리스도』, 403.
265 위의 책, 404.
266 위의 책, 402.

님의 손길들의 사역일 뿐만 아니라 하나님의 말씀을 통해 이루어진 것으로 본다. 말씀이 모든 것의 근거와 기초다. 진동하며 생명을 창조하는 그의 영을 통해 창조 안에 하나님은 거하신다.[267]

(2) 되어 감 속에 있는 창조와 그리스도

몰트만은 아직 종말의 완성이 이루어지지 않았고 완성을 향해 나아간다고 생각한다. 이때 하나님의 형상인 피조물로서 인간은 하나님이 지으신 다른 피조물에 관해 주인 되시는 하나님에 대칭하는 것이 아니라, 이와 동시에 모든 다른 생물과 더불어 아직도 완성되지 않았고 언제나 개방되어 있는 창조 과정의 '되어 감' 속에 있다.[268]

이런 의미에서 '메시아의 비밀'은 현재적으로 감추어져 있는 것이 아니라, 미래를 열어 두는 것이다.[269]

몰트만은 인간뿐만 아니라 모든 피조물에 대해 말하기를 모든 피조물은 하나님 나라 안에 있는 그들 자신의 미래 실제적 약속들로 본다. 그들 모두는 그 자신을 넘어 이 미래를 가리킨다. 창조의 역사를 바라볼 때, 하나님의 창조의 보존은 새 창조를 지향하고 있다. 그의 섭리 속에는 그의 약속이 숨어 있다.[270] 이것은 첫 창조는 완성이 되는 새 창조를 향해 나아가고 있음을 말한다.

몰트만은 그리스도는 "우리의 죄 때문에 희생을 당하였다"(롬 4:25)라는 바울의 말을 인용하면서 이것은 그가 십자가를 통해 죄인들을

---

267 위의 책, 405.
268 위르겐 몰트만, 김균진 역, 『과학과 지혜: 자연과학과 신학의 대화를 위하여』, 65.
269 김동건, 『그리스도론의 역사: 고대 교부에서 현대 신학자까지』, 795.
270 위르겐 몰트만, 김균진 역, 『과학과 지혜: 자연과학과 신학의 대화를 위하여』, 85.

하나님과 화해시키는 것인데 그의 부활을 통해 새로운 의, 새로운 생명, 새로운 피조물을 창조한다고 말한다.[271] 즉, 죄인의 의인 됨은 죄의 용서 이상의 것이라고 하면서 그것은 새로운 삶으로 인도한다는 것이다.[272]

몰트만은 바울에 의하면 죽임 당한 그리스도가 죽은 자들로부터 부활한 사건과 함께 종말의 시대 창조가 시작한다고 말한다. 이 창조를 바울은 그리스도의 부활과 함께 시작했고, 영의 계시 속에서 계속 작용하며 사멸할 몸들의 되살아남 곧 죽은 자들의 부활에서 완성될 과정으로 묘사한다.[273]

몰트만은 예수의 부활은 예수에게만 국한된 개인적 기적을 드러내는 것이 아니라 자연 만물의 공적인 새로운 창조가 시작되었다는 역사의 시작이며 감추인 시작이었다고 말한다. 즉, 하나님께서 이루신 새 창조와 그의 영광의 미래는 이 한 사람인 그리스도의 죽음의 역사에서 시작된 것이다.[274]

예수 그리스도의 죽음은 새 창조의 시작이기에 모든 사물이 창조의 완성을 향해 가는 과정에 있다. 몰트만의 '되어 감' 사상은 구원론에도 동일하게 나타난다. 즉, 예수 그리스도의 메시아적 사역은 아직 완료되지 않았다고 본다. 따라서 몰트만은 메시아적 통치가 여전히 도상에 있다고 생각한다. 만일 메시아적 통치가 도상에 있다면 구

---

271 위르겐 몰트만, 김균진 역, 『삼위일체와 하나님의 나라』, 144-145.
272 위의 책, 145.
273 위르겐 몰트만, 박봉랑 외 4인 역, 『성령의 능력 안에 있는 교회: 메시아적 교회론』, 151.
274 위의 책.

원도 열려 있게 된다.[275]

몰트만은 이 모든 것은 성령의 역할로 본다. 모든 창조의 장차 올 자유에 대해 성령은 개방되어 있고, 구체적으로 아직 끝나지 않은 역사 속에 존재하게 된다.[276] 성령의 경험과 함께 인간 그리고 모든 사물의 창조는 삼위일체이신 하나님의 본향으로 완성되기 시작한다.

성령은 우주를 충만하게 할 장차 올 영광의 첫 선물이고 확실하게 하는 보증의 표인데(고후 1:22) 아직 오지 않은 것이 성령 안에서 이미 지금 경험되는 것이다. 즉, 미래에 있을 것이 성령 가운데에서 선취되고 성령과 함께 종말의 시간이 시작된다.[277]

창조의 완성은 성령 안에서 아들을 통해 아버지를 영화롭게 하는 것에 있다.[278] 결국, 성령이 창조의 완성을 향해 나아가도록 한다는 것이다. 따라서 몰트만은 하나님은 세계의 창조자이실 뿐만 아니라 우주의 영이시라고 말한다. 이때 창조자는 그의 피조물들 안에 거하시며 그들을 생기 있게 하고 그들을 유지하며 그들을 그의 나라의 미래로 인도하신다고 말한다.[279]

5) 우주적 그리스도론의 근거로서 그리스도의 죽음과 부활

그리스도의 역사는 기독교 신앙의 중심에 서 있다. 몰트만은 그리스도의 역사 중심에 그리스도의 수난과 십자가의 죽음이 있다고 본

---

275 김동건, 『그리스도론의 역사: 고대 교부에서 현대 신학자까지』, 795.
276 위르겐 몰트만, 김균진 역, 『삼위일체와 하나님의 나라』, 154.
277 위의 책.
278 위의 책, 155.
279 위르겐 몰트만, 김균진 역, 『창조 안에 계신 하느님: 생태학적 창조론』, 33.

다. 그는 부활을 역사적 차원에서만 바라보지 않고 우주적 차원에서 다룬다.[280] 그가 우주적 그리스도론을 주장할 때 그 모든 근본이 '그리스도의 죽음과 부활'을 이해함으로 역사적 그리스도론의 한계를 넘어서서 우주적 그리스도론에 이르게 하려 했다.[281]

그가 그리스도의 죽음에서 우주적 그리스도론의 근거를 찾는 이유는 부활 때문이다.[282] 예수가 부활하심으로 인간이나 역사의 주가 아니라 만유의 주가 되시는 것이다. 그는 새 창조의 구원 사건은 부활하신 '예수 그리스도'에게서 시작한다고 본다.[283]

몰트만은 기존의 우주론적 그리스도론과 다른 우주적 차원의 그리스도론을 말하는데 이것은 몰트만의 '종말론적 시각'으로 접근한 것이다. 그의 우주적 차원은 종말론적 차원으로 본 그리스도론이다. 그의 우주적 그리스도론의 발견은 그리스도의 죽음과 부활을 이해함으로 가능하게 되었다.[284] 그는 예수 그리스도에게 일어난 종말론적 사건인 부활이 모든 사물의 새 창조의 시작이었다.[285]

원시 기독교의 증언들도 그리스도의 죽은 자들로부터의 부활 사건을 성령의 종말적이며 새롭게 창조하는 활동의 첫 열매로 인식한다. 부활시키고 생동하게 하는 성령의 활동은 세계의 종말적 새로운 창조의 선금(Vorgabe)이며 시작으로 이해될 수밖에 없다는 것이 몰트만

---

280 위르겐 몰트만, 김균진 김명용 역, 『예수 그리스도의 길: 메시아 차원의 그리스도』, 266.
281 위의 책, 383.
282 위의 책, 395.
283 박성권, "몰트만의 메시아적 창조론", 91.
284 위르겐 몰트만, 김균진 김명용 역, 『예수 그리스도의 길: 메시아 차원의 그리스도』, 383.
285 위의 책, 249.

의 견해다.[286]

　이는 죽음으로써 끝이 아니라 부활함으로써 시작되었다는 것인데 이때 십자가에서 일어난 그리스도의 마지막은 마지막이 아니라, 오히려 부활 그리고 생동하게 하는 영 안에서 일어난 그의 참된 시작이 되었다.[287] 몰트만은 죽은 자들의 부활을 통해 일어난 창조의 영화는 창조의 완성이라고 말한다. 왜냐하면, 창조는 죽은 자들의 부활을 지향하기 때문이다.[288] 인간은 죽음으로서 모든 것이 끝나지만 그리스도는 죽음 때문에 본격적인 시작이 된다.

　몰트만은 죽은 자들 가운데서 부활하심을 통해 예수가 하나님의 그리스도로, 주로 취임하셨다고 말한다. 부활은 예수의 '종말론적 입장'을 구성하도록 만든다. 이때 그는 부활하신 예수 그리스도는 이 사라져 버릴 세계의 시간 안에서 장차 올 하나님을 대리하신다고 말한다.

　또한, 예수 그리스도는 장차 올 피조물의 자유와 구원을 대리하신다.[289] 여기서 몰트만은 예수의 부활은 역사적 개인으로 부활한 것이 아니라는 점과 그의 몸인 교회의 머리 되는 인격적 부활이 아님을 분명히 한다. 예수의 부활과 높임을 받은 것의 빛에서 뒤돌아보면 예수 그리스도의 죽음은 이 종말론적 인격의 죽음으로 해석된다.

286　위르겐 몰트만, 김균진 역, 『생명의 영』 (서울: 대한기독교서회, 2009), 98.
287　위르겐 몰트만, 김균진 역, 『과학과 지혜: 자연과학과 신학의 대화를 위하여』, 120.
288　위르겐 몰트만, 김균진 김명용 역, 『예수 그리스도의 길: 메시아 차원의 그리스도』, 393.
289　위르겐 몰트만, 박봉랑 외 4인 역, 『성령의 능력 안에 있는 교회: 메시아적 교회론』, 116.

그의 고난에 대리적 고난으로서, 그의 죽으심이 우리를 위해 또 세계를 위해 몸을 내어 준 것으로 이해되고 선포되는 것에서 그의 죽음이 해석된다는 말이다.[290] 예수의 부활은 종말론적 사건이라는 점을 강조한다. 몰트만은 그의 십자가의 죽음과 부활의 빛에서 단순히 그리스도의 신적인 인격에 관해서만 말할 수 없다고 분명히 말한다.

그렇다면 어떻게 말해야 하는가?

몰트만은 신적 인격뿐만 아니라 종말론적 인격에 관해서도 말해야 한다고 주장한다.[291] 왜냐하면, 그리스도는 전적 타자이신 하나님의 대리자로서뿐만 아니라 장차 올 모든 것을 변화시킬 하나님의 대리자이시기 때문이다. 몰트만은 십자가에 달리고 부활하신 그리스도는 그의 인격과 모든 고난과 활동에서 역사의 미래를 대표하신다고 말한다.[292]

몰트만은 그리스도가 부활하신 사건은 그리스도가 온 창조 안에 있는 적대 관계를 극복한 사건으로 본다. 그리스도의 부활로 인해 창조의 모든 영역 안에 화해를 가져왔다. 그리스도는 숨어 계신 방법으로 이미 지금 만유의 통치자가 되셨기에 그의 통치는 적대 관계와 폭력을 극복하고 화해와 행복한 삶을 확대시킨다.[293]

몰트만이 생각한 죽음의 폐기는 절대적 죽음과 죄인의 죽음과 인간의 죽음을 뜻할 뿐만 아니라 우주적 권세로서의 죽음, 모든 살아있는 것의 죽음을 뜻한다. 그의 죽음의 폐기는 죽은 자들의 부활의 우주적인 면이요, 죽은 자들의 부활은 죽음의 우주적 폐기의 인격적

---

290 위의 책.
291 위의 책, 117.
292 위의 책.
293 위르겐 몰트만, 김균진 김명용 역, 『예수 그리스도의 길: 메시아 차원의 그리스도』, 390-391.

인 면이라는 점이다. 의롭게 하며 살리는 그리스도의 통치의 완성은 미래에 이루어질 세계의 영원한 생명이다.[294]

이런 측면에서 몰트만은 그리스도의 고난도 우주와 관련해서 말한다. 그는 지금까지 우주의 구원이라는 차원들은 신학과 성경 주석에 있어서 오랫동안 사변적이며 신화적인 것으로 간주되어 왔다고 비판한다.[295] 이런 유형의 그리스도론을 '위로부터의 그리스도론'이라고 말한다.[296]

그는 오늘날 현대인의 문화가 만들어 낸 생태계 재난이 땅 위의 모든 생명을 파멸하고자 위협하면 할수록, 그리스도의 고난과 그 고난에서 생성하는 의의 차원들이 모든 창조에 대해 더욱 큰 타당성을 가져야 하는 것만 아니라 실존적인 것으로 받아들여야 한다고 주장한다. 이 땅 위에서 죽어 가고 있는 자연의 고난은 그리스도의 고난이기도 하다.

동시에 그리스도의 고난은 죽어 가는 자연과의 관계 안에서 볼 때 "의가 그 위에 거하는 새로운 땅"이 태어나는 고통이다. 그리스도가 가져오신 구원을 인간의 구원이나 인간 영혼의 구원으로 왜소화시킨 근대의 왜소화를 몰트만은 비판한다. 그는 근대가 만들어 낸 왜소화는 인간 밖의 모든 피조물의 구원을 인정하지 않고 오히려 피조물의 구원에 관한 희망을 포기하는 결과를 이끌어 내었다고 말한다.[297]

---

294 위의 책, 280.
295 위의 책, 281.
296 김동건, 『그리스도론의 역사: 고대 교부에서 현대 신학자까지』, 790.
297 위르겐 몰트만, 김균진 김명용 역, 『예수 그리스도의 길: 메시아 차원의 그리스도』, 281.

몰트만은 그리스도가 겪었던 고난과 죽음에 관한 기억은 이 세계의 버림받은 모든 피조물 위에 하나님 나라의 지평을 열어 주는 것으로 보았다.[298] 그는 근대 이후 인간은 역사와 자연을 분리해서 사고하기 시작했고, 이로 인해 자연이 희생되었다고 보았다.[299]

그는 이런 유형의 그리스도론을 반대하고 예수의 고난과 죽음 그리고 부활이 인간과 역사의 그리스도론을 넘어 우주적 그리스도론에 이르게 해야 한다고 주장했다.

그는 예수의 부활이 지닌 우주적 차원들의 빛 속에서 그의 십자가 죽음은 우주적 의미를 가진다고 밝힌다.[300] 그는 새 창조의 근거를 예수 그리스도의 부활로 본다. 부활 때문에 새 창조는 이미 시작되었고 모든 피조물은 구원을 기다리는 것이다. 그는 자연과 생태계도 새 창조의 소망 안에 포함된다고 주장한다.[301]

몰트만은 예수의 죽음과 부활은 모든 생명과 사귐을 일으키는 것으로 본다. 그는 "예수는 우리 범죄함을 위하여 내줌이 되고 또한 우리를 의롭다 하심을 위하여 살아나셨느니라"(롬 4:25)의 말씀에 근거해 예수의 고난의 의미는 죄의 힘에서 그리고 우리가 당하는 죄책의 짐에서 우리를 해방시키는 데 있다고 말한다. 이런 점에서 몰트만은 그리스도는 "우리를 위하여" 계신다고 말한다.[302]

---

298 위의 책, 297.
299 김동건, 『그리스도론의 역사: 고대 교부에서 현대 신학자까지』, 792.
300 위르겐 몰트만, 김균진 김명용 역, 『예수 그리스도의 길: 메시아 차원의 그리스도』, 395.
301 김동건, 『그리스도론의 역사: 고대 교부에서 현대 신학자까지』, 797-798.
302 위르겐 몰트만, 김균진 김명용 역, 『예수 그리스도의 길: 메시아 차원의 그리스도』, 264.

또한, 몰트만은 예수가 죽은 자들로부터 부활하셨다는 의미는 하나님의 '의'(義) 안에 이루어지는 자유로운 삶에 있다고 본다. 죽은 그리스도는 죽은 자들이 형제가 되었고, 부활하신 그리스도는 살아있는 자들과 죽은 자들을 그의 사귐 속으로 모으신다.[303] 이때 사귐은 모든 죽은 사람이 영원한 생명으로 부활하는 것이며 또한 죽음은 모든 사물의 새로운 창조 안에서 폐기되는 도상에 있는 것이다.[304]

몰트만은 살리는 영으로서의 사귐도 우주적 차원으로 인식했다. 그리스도의 구원 사역의 범위도 우주적으로 확대된 것이다.[305] 이런 생각 속에서 몰트만은 그리스도는 새로운 인류의 머리이시며 과거와 지금 있는 모든 것의 미래시라고 말한다.[306]

예수의 부활 사건은 "예수가 하나님의 아들 그리스도이시다"라는 고백이다. 이 사건은 "죽은 자들로부터의 부활"이라고 표현되었다. 따라서 이 사건은 종말론적 상징이다. 그는 부활의 미래와 영원한 삶과 죽음의 철폐와 새 창조의 미래가 십자가에 달리신 그리스도에게서 이미 시작했다는 것을 주장한다.[307]

부활은 죽은 예수에 순간적으로 일어난 것에 불과한 것이 아니며 오히려 예수의 삶과 선포를 포괄하는 전체로서 예수에게 전 시간적으로 일어난 것이다. 그러므로 종말론적 순간은 십자가의 마지막 순간에만 일어났던 사건이 아니라 출생을 포함한 그의 삶 모든 것 안에

---

303 위의 책, 264-265.
304 위의 책, 265.
305 김동건, 『그리스도론의 역사: 고대 교부에서 현대 신학자까지』, 796.
306 위르겐 몰트만, 김균진 김명용 역, 『예수 그리스도의 길: 메시아 차원의 그리스도』, 265.
307 위의 책, 117.

일어난 사건이라고 말하고 있다.

이 말은 예수는 십자가에 달리신 분으로뿐만 아니라 세례받으신 분, 병을 고치시는 분, 산상설교자, 죄인들과 세리들의 친구, 죽을 때까지 여자들이 동반했던 그분으로 부활하셨고 영 안에서 현존하고 계시다는 것이다.[308]

예수의 종말론적 빛에서 그의 모든 역사를 현재화시킬 때 반드시 처음부터 있지 않았던 그 무엇이 회생하게 된다는 것이 몰트만의 생각이다. 다시 말해, 예수가 누구인가 그때 인식된다는 것이다.

몰트만은 그리스도의 부활은 모든 피조물의 새로운 창조의 첫날로 볼 수 있다고 말한다. 그는 제자들이 그리스도의 나타나심과 부활절에 예수를 보는 것은 처음부터 우주적 차원들 속에서 파악되었음이 틀림없다고 말한다.[309]

6) 만유와 그리스도의 관계

몰트만은 만유구원을 주장했다. 몰트만 신학에 있어서 가장 많은 논쟁을 일으킨 부분이 만유구원론이다. 만유와 그리스도의 관계를 파악하게 된다면 이 논쟁에 답할 수 있을 것이다. 몰트만은 피조물에 관해 근본적인 질문을 한다.

하나님은 심판자로서 구원하거나 저주하기 위해 피조물들에 대해 냉담한 태도로 대칭해 계시는가 아니면 우주의 창조자이신 하나님은

---

[308] 위의 책.
[309] 위의 책, 359.

죽음과 부활 속에서 그의 모든 피조물과 함께하시는가?

이 질문은 심판의 두 가지 결과로 나타나는가 아니면 만유의 화해인가라는 질문이다.[310]

몰트만은 우선 성경을 바탕으로 만유구원론의 근거를 제시한다. 그는 만유 회복의 표현은 사도행전 3:21에만 나타난다고 하면서 이것은 만유의 화해가 아니라 하나님 약속의 성취로 보아야 한다고 주장한다.[311]

몰트만은 만물의 화해에 관한 성경적 근거를 에베소서 1:10과 골로새서 1:20을 인용해 설명한다. 에베소서와 골로새서에 나타난 우주적 그리스도론에서 모든 사람과 땅 위에 있는 모든 생물은 물론 천사 또는 분명히 불순종한 천사들도 그리스도를 통해 화해한다. 그리고 그들은 머리 되신 그리스도 안에서 화해된 자로 통일되고 완성된다. 이때의 완성은 모든 사물의 회복 즉 세계의 완성을 의미한다.[312]

여기에 대해 김명용은 이 본문들은 만유의 회복에 맞추어져 있는 것으로 이해한다. 그는 마지막 날에는 모든 인간이 구원받는 날을 구원의 날이라고 말한다. 그뿐만 아니라 그날은 만유가 회복되는 만유구원의 날로 보고 있다고 주장한다.[313]

몰트만은 빌립보서 2장의 말씀을 인용한다. 그는 여기서 그리스도를 향한 찬양이 평화롭고 영광스러운 우주에 관한 비전과 함께 끝난

---

310 위르겐 몰트만, 김균진 역, 『오시는 하나님: 기독교적 종말론』, 407-408.
311 위의 책, 415.
312 위의 책.
313 김명용, "몰트만의 만유구원론과 구원론의 새로운 지평", 「장신논단」 16호 (2000), 282.

다고 본다.314

> 이러므로 하나님이 그를 지극히 높여 모든 이름 위에 뛰어난 이름을 주사 하늘에 있는 자들과 땅에 있는 자들과 땅 아래에 있는 자들로 모든 무릎을 예수의 이름에 꿇게 하시고 모든 입으로 예수 그리스도를 주라 시인하여 하나님 아버지께 영광을 돌리게 하셨느니라(빌 2:9-11).315

더 나아가 몰트만은 부활장의 말씀에는 두 가지 결과로 끝나는 심판에 관해 아무 말도 하지 않는 것에 주목하고 한 사람 때문에 모든 삶이 죽은 것같이 그리스도 때문에 모든 사람이 생명을 얻었다고 말한다.316

몰트만은 성경 안에는 만물 화해의 내용도 있지만 심판의 두 가지 결과에 대해서도 분명히 언급하고 있다는 사실을 인정한다.

그렇다면 이 둘의 충돌을 몰트만은 어떻게 해결하는가?

몰트만은 먼저 질문하면서 답한다.

첫 번째 질문은 "성경에서 말하는 멸망이 과연 영원한가"이다.

여기에 관한 답을 용어로 설명하는데 헬라어 '아이오니오스'와 히브리어 '울남'에 관한 용어로 정의한다. 그의 말을 들어보자.

---

314 위르겐 몰트만, 김균진 역, 『오시는 하나님: 기독교적 종말론』, 415.
315 빌 2:9-11.
316 위르겐 몰트만, 김균진 역, 『오시는 하나님: 기독교적 종말론』, 416.

헬라어 '아이오니오스'라는 용어는 히브리어 '올남' 같이 정해진 상태에서 끝이 없는 시간 즉 긴 시간을 뜻하며 헬라 형이상학의 절대적이고 무시간적 의미에서의 '영원'을 뜻하지 않는다고 한다. 무시간적인 영원이란 오직 단수형으로만 있기 때문에, 이 무시간적 영원으로부터 있을 수 없는 복수형 '올라민'(*olamin*) 혹은 '아이오네스'(*aiones*)가 있다. 멸망과 지옥의 고통이 '영원'하다면, 그것은 시대적(aeonisch)이며, 긴 시간적 혹은 마지막 시간적(endzeitlich)이다. 하나님 자신만이 절대적 의미에서 '영원'(ewig)하며, 양적 의미에서 '무한'(unendlich)하시다.[317]

그는 바울과 요한이 말한 또 다른 단어인 "멸망"에 대해 말하기를 이것은 단지 현재형으로 말할 뿐이지 미래형으로 말한 것은 아니라고 한다. 따라서 믿지 않는 사람들은 마지막 시간으로 멸망당한 것이라고 주장한다. 즉, 그들은 영원히 멸망당한 것은 아니라는 말이다.[318] 몰트만은 영원히 지속되는 것은 그의 은혜이지 분노가 아니라고 한다. 그는 하나님은 죄를 미워하시지만, 죄인을 사랑하신다고 하면서 하나님은 죄를 인격으로부터 분리하신다고 한다. 이어 죄를 심판하신 후 죄인의 인격을 자유롭게 하신다고 말한다.[319]

---

317 위의 책, 418.
318 위의 책.
319 위의 책, 420.

두 번째 질문은 "지옥은 영원한가"이다.

김명용은 몰트만 자신이 만유구원론을 발전시키면서 우선 지옥의 영원성에 대해 질문을 제기했다고 보았다.[320] 몰트만은 성경을 인용하여 이 문제에 대해 답한다. 특히, 마가복음 9:49을 인용하는데 그는 "지옥의 불"은 "정화의 불"로서 곧 교육을 위한 벌이라고 한다. 또한, 그는 마태복음 25장을 인용해 축복받을 사람들에게 하나님 나라는 세상의 처음부터 준비되어 있는 것이라고 말한다.

그러나 몰트만은 멸망당하는 사람들에게 지옥의 불은 세상 처음부터 마련된 것이 아니라고 말한다. 오히려 그것은 세상 끝날까지 지속될 필요는 없다는 것이다.[321]

또 다른 방식으로 몰트만은 답한다. 그는 만일 모든 사람이 구원을 얻을 수 없다면 하나님의 은혜가 자유로운 은혜인지 물을 수밖에 없다고 본다. 그렇다면 신앙에의 결단은 불필요하지 않는가라고 몰트만은 질문한다. 이어 그는 만물의 화해 사건은 하나님의 은혜를 값싼 은혜로 만들어 버린다고 비판한다. 이렇게 되면 결국 하나님의 자유가 고정된다고 본 것이다.[322] 몰트만은 하나님의 자유가 고정되는 것에 반대한다.

만유구원론의 가장 핵심적인 몰트만의 생각은 사랑의 하나님에 관한 이해다. 하나님의 사랑이 세상을 저주하거나 심판하지 않는다는 논리다. 이에 따라 몰트만은 세계 심판과 만유의 화해는 모순되지 않는다고 본다. 하나님은 모든 사람과 모든 피조물을 영광의 나라로 모

---

320 김명용, "몰트만의 만유구원론과 구원론의 새로운 지평", 283.
321 위르겐 몰트만, 김균진 역, 『오시는 하나님: 기독교적 종말론』, 418.
322 위의 책, 419.

으시기 위해 의(義)와 회복시키는 것을 그 속에서 계시하신다. 이런 것은 세계 심판을 통해 일어난다.

몰트만이 생각하는 하나님에 관한 무한한 신뢰의 표현이 만유화해론이다.[323] 이찬석은 몰트만이 주장하는 것이 하나님은 자신 안에 분노를 능가하는 큰 사랑이 있다고 주장한다. 하나님의 큰 사랑은 창조하신 모든 피조물과 화해를 이루어 새로운 창조를 열어 가도록 하는 것이다.[324]

몰트만은 "만유의 화해"와 "구원의 보편주의"와 "모든 것의 회복"과 혹은 "모든 사물의 회복"의 문제는 오직 그리스도론에서만 결정될 수 있다고 말한다.[325] 그리스도는 인간의 화해뿐만 아니라 모든 다른 피조물과의 화해를 위해 죽으셨다.[326] 더 나아가 몰트만은 만유의 치유가 없다면 인간의 구원도 없을 것이라고 말한다. 그 이유는 인간은 자연적 존재이기 때문이다.[327]

N.G.라이트(Nigel G. Wright)에 따르면 만유구원론의 타당성을 몰트만은 그리스도에게서 찾았다고 보았다. 그 근거는 예수님의 십자가의 죽음이다.[328] 여기서 몰트만은 만유의 회복과 모든 사물의 회복 그리고 영원한 하나님 나라를 향한 세계의 새로운 창조에서 희망의

---

323 위의 책, 421-422.
324 이찬석, "몰트만의 만유구원론과 선교", 354.
325 위르겐 몰트만, 김균진 역, 『오시는 하나님: 기독교적 종말론』, 409.
326 위르겐 몰트만, 김균진 김명용 역, 『예수 그리스도의 길: 메시아 차원의 그리스도』, 360-361.
327 위의 책, 383.
328 Nigel G. Wright, "Universalism in the Theology of Jurgen Moltmann", *Evangelical Quarterly* (2012), 37.

참된 근거를 발견할 수 있다고 말한다.[329]

그는 하나님의 버리심 속에서 죽으신 그리스도가 무엇을 당하셨는가를 파악하는 사람은 그의 부활의 힘으로 그의 현재적 주권과 죽은 자와 산 자를 심판할 미래에 무엇이 나타날 것인가를 이해할 것이라고 보았다. 그리스도는 세계의 화해를 위해 고난과 죽음을 당하셨고, 예수는 하나님의 버림받은 상태에서 총체적 지옥을 당하셨다. 또한, 우리를 위해 죄의 모든 저주를 경험하셨다.

몰트만은 여기서 만유 화해를 위한 신적 근거가 된다고 본다.[330] 그는 만유 화해에 관한 희망의 기독교적 근거는 십자가신학이라고 말한다. 그리고 모든 사물의 회복은 이 십자가신학으로부터 나오는 유일한 실제적 귀결이라고 주장한다.[331] 이찬석은 몰트만이 그리스도가 십자가에서 고난을 당하셨고, 결국 언젠가 일어날 것이라는 전망이 십자가에서 열린다고 말한다.[332]

몰트만은 그리스도의 십자가 사건과 만유구원론을 연결시키는데 그리스도의 십자가 사건이 모든 근거가 된다고 말한다. 그리스도는 이 땅에 상실된 모든 자를 찾아 회복시키기 위해 자기 자신을 상실되도록 하셨고, 또한 그리스도는 지옥을 열기 위해 지옥의 고통을 당하셨던 것이다.

더 나아가 그리스도가 지옥으로부터 나오셨기 때문에 지옥의 문들이 열렸다고 말한다. 이때 지옥이 파괴되었다는 것이다. 십자가에서

---

329 위르겐 몰트만, 김균진 역, 『오시는 하나님: 기독교적 종말론』, 431-432.
330 위의 책, 433.
331 위의 책.
332 이찬석, "몰트만의 만유구원론과 선교", 363.

일어난 그리스도가 지옥과 같은 죽음으로부터 부활하신 이후 더 이상 '영원한 멸망'(Verdammt-in-alle-Ewigkeit)이 존재하지 않는다고 몰트만은 주장한다.[333]

몰트만은 최후의 심판은 위협을 말하는 것이 아니라 그리스도 안에서 인간에게 선포될 수 있는 가장 놀라운 것이라고 말하면서 그리스도의 십자가와 만유구원론을 연결시켰다.[334]

---

[333] 위르겐 몰트만, 김균진 역, 『오시는 하나님: 기독교적 종말론』, 438-439.
[334] 위의 책, 441.

제2장

몰트만 교회론의 다양한 차원

몰트만은 외적 환경의 급격한 변화와 사회와 군사, 과학 기술의 놀라운 발전과 진보 그리고 생태학적 알림들이 커짐으로 사람들이 위기에 처해 있다고 보았다.[1] 이런 위기는 곧 교회의 위기다.

사회가 급격한 발전을 통한 다양한 문제에 부딪치게 되면 결국 그 안에서 위기를 느끼게 되는데 이 위기 앞에 사람들은 반드시 교회에 질문하게 된다. 이 질문에 교회는 답해야 하지만 쉽게 답할 수 없는 문제에 직면하기에 결국 사회 변화는 교회의 위기로 나타나는 것이다. 이런 위기 상황에서 몰트만은 자신의 교회론을 펼치게 된다.

교회란 무엇인가라는 이 질문은 어느 시대에나 있었던 질문이다. 이 질문이 어느 시대에나 있었다는 것은 각 시대마다 교회에 언제나 위기가 있었다는 것이고 그 위기에 바르게 응답하려고 했던 질문이라는 것을 알게 한다. 이 질문에 교회가 바르게 응답할 때 교회는 교회의 사명을 감당했다. 교회란 무엇인가라는 질문에 몰트만은 교

---

[1] 위르겐 몰트만, 박봉랑 외 4인 역, 『성령의 능력 안에 있는 교회: 메시아적 교회론』, 4.

라는 현상을 다른 현상들로부터 그 한계를 구별하고 그리고 경계 설정을 통해서 규정하는 정의로서는 대답될 수 없다고 판단한다.[2]

몰트만은 자신이 목회하면서 경험한 다양한 경험, 즉 자신이 여행하면서 목격하고 경험했던 이야기를 하면서 독일 교회의 한계를 보게 된다.[3] 이런 경험을 통해서 몰트만은 교회가 내적인 문제에만 치중할 때 교회의 현재 한계가 드러난다는 사실을 알게 되었다. 그래서 그는 단순한 친교의 형식을 띤 교회의 내적 활동을 거부하고. 교회를 가시적 교회에서 벗어나 교회를 역사적 테두리로 옮기려고 했다.[4]

몰트만은 교회가 교회 내적으로 복음을 선포하는 행위, 주의 만찬을 나누고, 새 출발의 표징으로서 세례를 받고, 예수의 친교 속에 있는 것을 거부한다. 이런 것을 몰트만은 교회라고 생각하지 않는다.[5]

김정두는 몰트만의 교회론은 메시아적 공동체라고 주장하면서 이것은 다섯 가지의 특징이 있다고 말한다. 그중 가장 강력한 것이 교회는 무엇보다도 "예수 그리스도의 교회"라고 말한다.[6]

몰트만은 '예수가 계신 곳이 교회'라는 새로운 명제를 던졌다. 이 주장은 가시적인 교회도 예수가 계시지 않는다면 교회가 아니라는 말이다. 더 나아가 가시적 교회의 형태가 없어도 교회가 될 수 있다는 것을 의미한다. 이 명제는 종교적 영역 안에 머물러 있던 교회의 차원을 넘어선 명제였다.

---

2   위의 책, 39.
3   위의 책, 6-7.
4   위의 책, 7.
5   위의 책.
6   김정두, "몰트만의 삼위일체적-메시아적 교회론과 선교론", 86.

그동안 교회는 항상 교회 중심의 신학을 펼쳤다. 이것이 역사 속에 있는 교회가 아닌 종교적 영역 속에 머무는 결과로 이어졌다. 이런 교회는 그 자체로서 한계를 가졌다고 보았기에 몰트만은 종교적 영역의 교회를 뛰어넘어 역사적 차원의 교회를 펼치게 된다. 몰트만의 생각 속에는 종교적 영역에 있는 교회를 권장하거나 인정하는 것이 아니다. 그는 역사 속에 있는 교회가 되어야 한다는 것을 주장한다.

몰트만은 역사 속에 있는 교회가 시대에 응답을 주지 못하고 종교적 영역에 함몰되어 있는 것을 비판하면서 그 한계를 뛰어넘으려고 했다. 그런 측면에서 역사적 차원의 교회를 이 장에서 다룰 때 종교적 영역 차원으로 전락한 교회와 역사 속에 있는 교회를 구분해서 다룬다. 몰트만의 교회론은 두 차원 즉, 역사적 차원과 우주적 차원의 교회가 있음을 알 수 있게 된다. 하지만 역사적 차원 안에는 또다시 두 차원이 있다는 것을 알게 되는데 종교적으로 함몰된 교회와 역사 속에 있는 교회다.

몰트만은 교회를 정의할 때 흔히 다른 것과 구별해서 교회를 정의하는 것을 비판한다. 그는 다른 것과의 구별을 통해 바르게 교회를 정의할 수 없다고 보고 교회와 다른 것을 구별하는 식의 정의를 받아들이지 않는다. 오히려 몰트만은 교회는 다른 것과의 관계에서 바르게 정의를 내릴 수 있고 그 가운데 교회는 늘 생동감을 가지게 될 것으로 생각한다.[7]

---

7   위르겐 몰트만, 박봉랑 외 4인 역, 『성령의 능력 안에 있는 교회: 메시아적 교회론』, 39.

이런 생각을 가지고 몰트만의 교회를 보면 종교적 차원의 교회를 떠나 역사적 차원의 교회나 우주적 차원의 교회로 향하는 듯이 보이지만, 그 이면에는 종교적 차원을 극복하려는 움직임에서 더 나아가 역사적 차원의 교회론과 우주적 차원의 교회론을 펼치고 있다는 사실을 알 수 있다.

몰트만의 다양한 교회론의 차원에 마지막 부분은 우주적 차원의 교회론이다. 몰트만은 우주적 지평에서 교회를 보려고 한다. 그는 예수가 주로, 하나님의 그리스도로 취임하셨다고 본다. 부활은 예수의 종말론적 입장을 구성한다고 본다. 그는 장차 오실 하나님은 그의 영광과 주권을 가지고 이 시대에 현재하신다고 말한다. 부활하신 그리스도는 장차 오실 하나님을 사라져 버릴 이 세계 안에서 대리하신다.

몰트만은 부활하신 그리스도가 장차 올 자유와 피조물의 구원을 대리하신다고 말한다.[8] 이것은 몰트만이 그리스도론을 우주적 그리스도론으로 확장했던 것처럼 교회도 우주적 교회 즉 피조물까지 포함한 교회론을 펼치려고 했음을 알 수 있다. 몰트만은 그리스도의 역사에 관한 목적론적 질문은 개별적으로 이해할 수 있는 것과 모든 현재의 목적을 넘어서 우주적 종말론로 인도한다고 말한다.[9]

몰트만은 세계 상황과의 관계에서 그의 교회론을 펼치는데 그의 교회론의 저서인 『성령의 능력 안에 있는 교회: 메시아적 교회론』에는 우주적 표현보다는 역사적, 하나님 나라와 관련된 용어들이 많다.

---

8 위의 책, 94.
9 위의 책, 58.

하지만 후기로 가면서 몰트만은 다양한 저서를 통해서 기독교는 우주를 향한 방향을 가져야 한다는 것을 주장한다. 이처럼 몰트만의 교회론은 그의 그리스도론과 마찬가지로 크게는 두 차원이 있다. 세부적으로는 세 차원이 있는데 종교적 차원과 역사적 차원 그리고 우주적 차원이다.

1. 종교적 차원의 교회

몰트만은 그리스도 없이는 교회가 없다고 생각한다.[10] 그동안 교회가 직제, 건물, 목회자, 성도가 있으면 교회라고 생각하던 인식을 완전히 뒤집어 놓는 주장이다. 몰트만의 이 명제는 교회는 그리스도가 있을 때만 교회라는 주장이다. 이런 주장은 교회 안에서 행해지는 종교적 영역으로서의 교회의 틀을 깨 버리게 한다. 이것은 장소, 지역을 넘어서 어느 곳이든지 교회가 될 수 있게 한다. 이런 관점에서 몰트만의 교회론을 "개방적 교회론" 또는 "열린 교회론"이라 말한다.[11]

김정두는 삼위일체 하나님의 역사를 담아내고 살아 내는 교회 공동체는 위계질서와 개인주의가 될 수 없고 사적 공동체로 머물지 않는다고 말한다.[12] 그 이유는 그리스도가 있는 곳에 교회가 있다는 이 명제는 교회를 하나님과 사람들 앞 그리고 미래에 살아 있는 모습을

---

10 위르겐 몰트만, 박봉랑 외 4인 역, 『성령의 능력 안에 있는 교회: 메시아적 교회론』, 4.
11 위의 책, 16.
12 김정두, "몰트만의 삼위일체적-메시아적 교회론과 선교론", 84-85.

나타내기 때문이다. 몰트만은 교회가 쇠약해질 때는 언제나 하나님, 사람들 또는 미래에 대해서 어느 하나를 포기할 때라고 말한다. 몰트만은 미래까지도 포함해야 한다고 말한다.[13]

지금까지 교회라 하면 당연히 건물이 중심이 되고 가시적 모임이 이루어지고 있는 교회를 떠올리게 한다. 또한, 목회자, 성도, 직제, 예배가 있으면 교회로 인식해 왔다. 이런 사고는 점점 교회를 종교적 형태로 바뀌게 했다. 하지만 그리스도가 계신 곳이 교회라는 몰트만의 명제에 의하면 종교적 영역으로서 교회를 생각하지 않는다. 종교적 차원의 교회가 아니더라도 그리스도가 계신 곳이 교회라고 말할 수 있게 된다.

이런 주장에 따르면 몰트만 교회론은 종교적 차원으로서의 교회[14]를 벗어나 확장된 교회론이 된다. 그의 교회론은 종교적 영역보다 역사적 교회나, 우주적 교회로 개방된 교회론이다. 몰트만은 종교적 영역으로서의 교회를 넘어서려고 했던 것이다. 그러나 몰트만의 사고 기저에 종교적 교회에 관한 생각을 갖고 있다는 사실을 부인할 수 없다. 종교적 영역에 관한 생각을 갖고 있다는 것은 종교적 영역을 추

---

13 위르겐 몰트만, 박봉랑 외 4인 역, 『성령의 능력 안에 있는 교회: 메시아적 교회론』, 16.
14 몰트만이 말하는 역사 속에 있는 교회는 그리스도가 계신 곳이 교회라는 입장이다. 여기서 말하는 종교적 차원의 교회란 역사 속에 있는 교회이지만 가시적 교회의 테두리를 벗어나지 않고 개교회주의에 함몰되어 교회 성장, 건물 유지, 제의적 종교의 역할을 하는 교회를 뜻한다. 지금 역사 참여를 도외시하고 종교적 차원의 교회가 된 가시적 교회들이 교회 성장에 몰두하고 있는 것이 현실이다. 박봉랑은 교회가 그리스도의 종말론적 역사와 하나님의 삼위일체적 역사 속에 있는 교회라는 것을 무시하면 교회론은 교직 계급이 되고 카리스마는 종교적 천재의 예배가 된다고 한다. 박봉랑, "카리스마적 교회론: 몰트만의 교회의 새로운 이해의 한 면", 「현대와 신학」 (1985), 52.

구하는 교회라는 측면보다 종교적 영역에 함몰된 교회를 비판하고 참된 교회로서 시대에 책임 있는 교회로 설 수 있도록 하려고 했다.

박봉랑은 몰트만은 '직무와 교회' 또는 '직무와 카리스마' 사이의 관계에 관한 논의를 너무 좁은 범위에서 진행한 것을 비판했다고 말한다. 이는 참여하는 사람들이 더 넓은 컨텍스트, 즉 하나님의 삼위일체적 역사와 그리스도의 종말론적 역사 속에 있는 교회의 모습을 보지 못하고 있다고 생각한 것이다.[15] 즉, 교회 안에 제한된 것을 향해서만 존재할 뿐 하나님의 역사 속에서 보지 못한다고 보았다.

몰트만의 교회론 전체 관점에서 보면 종교적 차원의 교회를 강조하는 것보다 그리스도의 현존에 더 큰 무게를 두었기에 종교적 차원의 교회를 넘어서서 그리스도가 계신 곳에 교회가 있다는 명제를 주장한 것처럼 보였다. 물론 몰트만은 아시아와 아프리카의 여행을 통해 다양한 경험을 하면서 자신이 몸담고 있는 독일 교회의 한계를 보았다.

하지만 그가 독일 교회의 한계를 보았다는 것은 자신도 독일 교회 안에 있었다는 것을 의미한다. 자신이 몸담고 있는 독일 교회가 종교적 영역에 머물러 있다는 것을 보게 된 것이다. 몰트만은 교회가 종교적 영역에서만 존재한다는 것을 알게 된다. 종교적 영역 안에 있는 교회도 그리스도를 근본으로 삼고 있다. 몰트만에게 독일 교회는 역사의 실천과 교회의 역동성을 상실하고 가시적 교회의 범주에 머물러 있는 것이 크나큰 문제였다.

---

15 위의 논문.

1) 종교적 공동체로서 교회의 위기

몰트만에 따르면 교회 공동체는 결코 자기 혼자 서 있을 수 없다. 또한, 교회 자체는 스스로 이해할 수 없다고 보았다.[16] 교회는 그 시대를 떠날 수 없고 그 시대의 책임 있는 존재로 세워졌다. 그는 종교로서의 교회보다는 확장된 교회론를 추구하려고 했다. 그는 『성령의 능력 안에 있는 교회: 메시아적 교회론』이라는 책을 저술한 이유를 밝혔는데 교회의 방향 설정(Orientierung)에 도움을 주려는 것이라고 말했다.[17]

그는 분명히 교회의 방향성을 위해서 자신의 교회론을 펼친 것이다. 이렇게 쓴 이유가 현재 역사 속에 있는 교회가 방향을 상실했다고 판단했기 때문이다. 즉, 몰트만은 역사 속에 있는 그리스도의 교회가 종교적 교회가 되었다고 판단한 것이다.

최승태는 그리스도의 교회가 위기에 직면할 때는 언제나 구원을 사적 영역으로 만들었기 때문이라고 말한다.[18] 이는 역사적 공동체를 등한시하고 교회는 종교적 영역으로 바뀌었다는 것이다.

몰트만은 여러 곳으로 여행을 다니면서 독일 교회의 현실과 그 한계를 직시한다. 당시 과학 기술의 혁명적 진보와 동시에 사회적, 군사적, 생태학적 압력을 통해서 커지는 위험들 때문에 내적, 외적 불안감 속에 이미 사람들이 살아가고 있음을 보았다. 여기서 그는 시대

---

16 위르겐 몰트만, 박봉랑 외 4인 역, 『성령의 능력 안에 있는 교회: 메시아적 교회론』, 40.
17 위의 책, 4.
18 최승태, "교회표지에 대한 몰트만의 재해석이 한국 교회에 주는 의미", 71-72.

가 위기를 맞이하게 되었음을 본 것이다. 이때 그는 시대의 불안은 결코 그 시대만의 불안일 수만은 없다고 판단했다.[19] 그 시대는 역사 속에 있는 교회에 영향을 끼친다. 즉, 시대의 위기는 곧 교회의 위기로 나타난다고 판단한 것이다.

그 시대와 역사 속에 있는 교회는 떨어질 수 없는 불가분의 관계다. 따라서 그는 교회와 교회의 가르침의 새로운 자세 결정을 불가피하게 되었다고 본다. 이때 교회는 교회의 언어, 예배 조직과 삶의 형태들과 더불어 사회 변화를 고려하지 않으면 안 된다.

몰트만은 세계 곳곳에 다니며 가시적 교회들의 모습을 목격하고 교회가 새롭게 되어야 한다는 생각을 더욱 강하게 가지게 된다. 몰트만은 독자들이 자신에게 "어느 교회에 대해서 말하고 있는가"라고 질문한다면 그는 이렇게 대답한다.

> 내가 브레멘(Bremen) 지방 바서호르스트(Wasserhorst)에서 5년 동안 목회한 것을 제외하고 최근 10년 동안 강연과 여행들과 에큐메니컬 좌담회들은 나를 다른 나라들과 다른 상황으로 인도했다. 한국의 그리스도인들의 경험과 그들의 선교 열정, 정치적 항거 때문에 받는 그들의 고난 그리고 케냐(Kenia)와 가나(Ghana)의 독립 교회들의 카리스마적 경험들, 그들의 기도들, 그들의 신나는 춤들 그리고 마닐라의 빈민굴 속에 있는 기독교 공동체의 노동, 라틴 아메리카의 캄파시노스(Campasinos) 마을들, 경찰로부터 받는 그들의 핍박들은 아마

---

19 위르겐 몰트만, 박봉랑 외 4인 역, 『성령의 능력 안에 있는 교회: 메시아적 교회론』, 17.

도 나 자신이 의식한 것보다 훨씬 더 깊은 인상을 나에게 주었다. 어쨌든 그것들은 나에게 독일 교회의 한계를 보여 주었다.[20]

몰트만이 경험한 교회들은 분명히 역사적 교회들에서 한 것이다. 그는 세계 곳곳의 여행을 통해 역사 속에서 실천하는 교회들의 모습을 보았다. 역사 속에서 실천하는 교회들에 관한 경험들은 몰트만이 새로운 눈을 뜨는 계기가 되었다.

그는 독일 교회는 교회 안의 교회로만 존재하는 모습을 본다.[21] 여기서 그는 독일 교회를 포함한 서구의 많은 지역 교회가 위기 속에 있다고 판단한다. 민족 교회는[22] 교회를 돌보기 위해서 큰 조직과 많은 직무를 위해 훈련받은 전문가들을 가지고 있지만 교회에 관한 무관심은 커져 가고 있고 교회의 예배 출석도 줄어들고 있는 현상을 보았다.[23] 몰트만은 단순히 교회의 숫자가 줄어드는 위기라고 본 것이 아니라 근본적 위기라고 생각한 것이다.

이런 상황에서 몰트만은 교회가 무엇인가라는 질문에 진지하게 고민하게 되었고 자신의 교회론을 세운다. 이런 체험을 통해 교회는 자신이 몸 담고 있는 그 시대 상황이나 환경에 직접 영향을 받고 있다는 것을 알게 된다. 이때 자신의 시대 상황에서 신자들은 교회 예배의 의미에 대해 비판적으로 질문하고, 예배 혁신의 의미에 대해 회의

---

20 위의 책, 6.
21 위의 책, 7.
22 박봉랑은 Volkskirche(독일 교회)를 '민족 교회'로 번역한다. 그는 국가 교회는 타탕한 번역이 아니라고 본다. 필자는 민족 교회든, 지역 교회든 자신의 교회를 유지하기 위해 움직이는 모든 교회를 크게 종교적 차원 교회의 범주에 넣는다. 박봉랑, "카리스마적 교회론: 몰트만의 교회의 새로운 이해의 한 면", 78.
23 위의 논문, 52.

적으로 질문해야 하며 이런 질문 앞에 교회 역시 응답해야 한다. 교회들이 응답하지 못하면 바로 위기에 빠지게 된다. 이런 경험들을 통해 몰트만은 교회의 방향 설정의 필요성을 절감하게 된다.

몰트만은 교회가 내적 문제에만 치중하는 위험을 말하면서. 교회 내적 문제에만 치중한다는 것은, 결국 역사 속에 있는 교회가 현재의 한계를 마주하게 될 것이라고 본다. 이것은 교회의 유지나 성장에만 몰두하는 종교적 영역에서만 존재하는 교회가 될 것을 염려한 것이다. 그는 단순한 친교의 형식을 띤 교회의 내적 활동을 거부한다. 이것은 교회를 가시적 교회의 테두리 안에서만 본 것이 아니다. 종교적 차원의 교회 테두리를 넘어선 역사 속에 있는 교회론을 말한다.[24]

2) 종교 공동체 안에서 상실한 교회의 책임성

몰트만은 교회가 그 시대에 자신의 삶과 삶의 형태들, 자신의 말과 침묵, 자신의 행동과 행동하지 않은 것을 하나님의 법정 앞에서 반성할 것이라고 말한다.[25] 이 속에서 몰트만의 생각을 보면 역사 속에 존재하는 교회는 하나님과의 관계성 속에 존재한다는 것을 말한다. 하나님과의 관계 속에 있기에 그의 책임을 다하지 못했을 때 하나님의 법정에 서게 되는 것이다. 기독교적 삶(*vita christina*)은 언제나 그 시대와 관련되어 있으며 상황적이다.[26]

---

24 위르겐 몰트만, 박봉랑 외 4인 역, 『성령의 능력 안에 있는 교회: 메시아적 교회론』, 7.
25 위의 책, 15.
26 김선권, "몰트만이 말하는 그리스도인의 삶", 「영산신학저널」 제46호 (2018), 71.

그는 교회는 민족과 백성들과 세계와 국가들 그리고 사회들과 함께 길을 가야 한다고 믿는다. 따라서 몰트만은 교회를 하나님의 백성으로 보지만 순례하는 하나님의 백성이라고 주장한다. 하나님의 백성으로서의 모든 교회는 이스라엘과 백성들 그리고 국가들과 교회의 관계를 하나님과 세계의 미래의 광장에서 나타낸다.[27]

몰트만에 따르면 교회가 시대사로부터서만 자기 자신을 이해하려고 한다면 현존하는 상황과 운동들은 단지 종교적 반영이 될 것이라고 본다. 그렇게 되면 그리스도의 이름이 교회의 칭호로부터 삭제될 것이다.[28] 교회가 그리스도의 현재화된 역사와 시대사와의 긴장 관계에서 바라본다면 교회는 자신의 주위 환경에서 소외될 것이다. 그 때 교회는 그리스도를 방편으로 삼아서, 결국 그 환경에서부터 멀어지게 된다.[29]

최승태는 세상을 향한 봉사를 소홀히 하면 교회는 탈사회적 공동체로 변질된다고 한다.[30] 몰트만은 교회가 자신을 이해하기 위해서 산다면 결국 종교적 영역으로만 남게 되고, 결국 그리스도의 교회가 되지 못한다는 것을 강조한다.

몰트만은 그리스도의 인격과 사명 그리고 십자가와 미래를 현재화하는 것은 교회를 필연적이고 희망에 찬 곳으로 이끌어 간다고 말한다.[31] 그리스도의 교회라면 그리스도의 십자가 사건을 현재화시켜야

---

27 위의 책, 16.
28 위의 책.
29 위의 책, 107.
30 최승태, "교회표지에 대한 몰트만의 재해석이 한국 교회에 주는 의미", 73.
31 위르겐 몰트만, 박봉랑 외 4인 역, 『성령의 능력 안에 있는 교회: 메시아적 교회론』, 106.

한다. 이 현재화를 통해 교회는 그 시대의 책임 있는 교회로 설 것이다. 몰트만에게 있어서 참된 교회는 십자가 아래 서 있는 교회다. 이 말은 그리스도의 길인 십자가의 길을 따를 때 진정한 교회라는 의미다. 즉, 역사 속에서 실천하는 교회가 진정한 교회다.

몰트만은 오직 교회는 그리스도의 방식으로 그의 주위 세계에서 소외될 때만 그것은 멀어진 한 세계 가운데서도 그리스도가 약속하신 하나님 나라의 근원성을 볼 수 있고, 또 보게 될 것이라고 말한다. 언제나 교회는 그 환경 가운데서 그리스도를 감히 내세우려 하고, 그 이외에 다른 아무 소리도 들으려 하지 않을 때 주위 세계로부터 충돌이 일어나게 된다. 이때 교회는 현재 얽매인 것들을 메시아적으로 해방시키는 사명에 동참하게 된다.

비로소 교회는 그리스도가 걸으셨던 고난의 길 속에 끌려 들어가게 되고 교회는 십자가를 질 것이다. 이런 것을 통해 교회는 자신의 사명인 희망을 책임질 것이고 자신의 미래에로 전향하게 된다.[32]

최승태는 교회가 세상과 유리된 채 자신만의 영역을 구축하는 것은 성경이 제시하는 교회의 사명과는 맞지 않는다고 말한다.[33] 몰트만은 교회라면 그 시대와 동떨어져 존재할 수 없고 그리스도로부터 그 시대의 주어진 책임을 감당해야 한다고 말한다.

종교적 차원으로서의 교회는, 결국 자신의 시대에 책임을 감당하지 못하고 오히려 종교적 영역 안에서만 머물게 되고 교회의 예배, 봉사와 헌금 등 교회 내의 생활만을 강조하게 된다. 몰트만은 교회가

---

32 위의 책, 107.
33 최승태, "교회표지에 대한 몰트만의 재해석이 한국 교회에 주는 의미", 72.

이런 차원에 교회가 머물러 있어서는 안 된다고 주장한다.

3) 종교적 차원의 교회와 그리스도

몰트만은 교회가 미래의 상황을 인식할 수 없는 시대를 마주하게 되면 많은 도전을 받게 된다고 보았다. 이때 그는 교회가 가장 먼저 해야 하는 것은 자신의 근원으로 돌아가야 하는 것임을 강조한다.[34] 그리고 자신에게 맡겨진 위임을 단호하게 붙잡아야 하며 이어서 파손되고 죽어 가는 교회의 형태로부터 그리스도의 미래로 되돌아가야 한다고 주장한다.

몰트만은 신학적 교회론은 추상적으로 말하거나 교회의 무시간적 본질에 대해서 말하는 것이 아니라 오히려 더욱 믿을 만한 형태로 교회가 혁신할 수 있도록 출발점을 제공해야 한다고 강조했다.[35]

교회가 그리스도의 교회라고 칭한다면 모든 출발점은 그리스도시다.[36] 따라서 몰트만은 교회의 첫째 말은 교회가 아니라 그리스도라고 주장한다. 마찬가지로 교회의 마지막 말도 교회가 아니라 치유의 영 안에 있는 아버지와 아들의 영광이라고 말한다.[37] 이는 교회의 시작도 마지막도 그리스도와 관계 있다는 것이다. 결국, 교회는 그리스도를 제외하고는 어떤 것으로도 설명할 수 없다.

---

34 위르겐 몰트만, 박봉랑 외 4인 역, 『성령의 능력 안에 있는 교회: 메시아적 교회론』, 17.
35 위의 책.
36 위의 책, 108.
37 위의 책, 40.

김정두는 메시아는 기름 부음 받은 자로 그리스도를 나타내며 그는 하나님의 통치를 가져올 해방자 또는 구원자이며, 기다림의 희망 속에 올(Coming) 자로서 하나님의 약속을 성취하고 새로운 질서 속에서 세계를 다스릴 자라고 말한다.[38] 교회가 역사 속에 있는 교회이든 종교적 영역 안에 있는 교회이든 그 중심은 '그리스도'임을 분명히 한 것이다.

여기서 몰트만은 교회의 존재에 관한 물음이 일어날 때 그 대답은 그리스도에 관한 고백을 통해서 된다고 본다. 즉, 교회의 문제는 그리스도론적으로 대답해야 한다는 것이다.[39] 이런 생각에서 몰트만은 교회는 어떤 독자적 존재론은 배제되어야 하고 오직 그리스도의 활동의 역사를 기술하는 것만이 허용되어야 한다고 강조한다.[40]

몰트만은 하나님의 아들은 교회의 주인이지만 제사를 받을 영웅은 아니라고 말한다. 예수는 전 인류를 위한 하나님의 그리스도시다.[41] 따라서 교회는 종교적 영역으로서만 존재하는 것이 아니라 그리스도를 따르는 역사 안에서 실천해야 한다.

김정두는 교회를 하나님의 해방과 자유의 역사에 참여하는 공동체라고 보았다.[42] 몰트만은 교회가 하나님 아들의 활동을 구원의 기관이나 제사 공동체로 만들었다고 비판한다. 또한, 그리스도를 각 개인이 산 지체로서 신앙을 고백하는 친교 모임으로 만들었다고 몰트만

---

38 김정두, "몰트만의 삼위일체적-메시아적 교회론과 선교론", 85.
39 위르겐 몰트만, 박봉랑 외 4인 역, 『성령의 능력 안에 있는 교회: 메시아적 교회론』, 108.
40 위의 책.
41 위의 책, 109.
42 김정두, "몰트만의 삼위일체적-메시아적 교회론과 선교론", 87.

은 주장한다. 그는 궁극적으로 그리스도의 활동과 그로부터 만들어진 공동체의 궁극적 목적은 교회의 선택, 회집, 보존이 아니고 영원한 생명에 봉사하는 것이라고 말한다.[43]

몰트만은 교회 공동체가 그리스도의 사명과 교회 사명에 적극적이지 않은 것을 비판한다. 그는 교회가 인류를 위해서 존재하는 것이 되어야 하는데 오히려 인류가 교회를 위해 존재하는 것처럼 보인다고 말한다.[44] 이런 현상은 가치가 전도된 것이다.

그는 기독교가 혁명적인 것은 그를 신으로 예배하고 영광 돌리는 것에 있지 않다고 보았다.[45] 김정두는 그리스도가 '교회의 주체'이시기에 교회의 내적 문제든 외적 문제든 교회의 관심은 '그리스도의 관심'이어야 함을 강조한다.[46]

교회는 예수의 인격을 숭배하는 곳이 아니다. 예수의 부활하심으로 주가 되셨다는 "예수가 주다"라는 표현이 아니고 "주는 예수다"라는 것이다.[47] 이처럼 교회들이 표현을 바꿈으로 가치 전도가 일어났다. 몰트만은 강조점을 바꿈으로써 교회는 그를 세계의 지배자들이 가진 많은 신학적, 정치적 칭호로 장식했다고 보았다.[48]

몰트만은 니이체가 말한 가치 전도라는 용어를 쓰면서 주는 모든 사람의 종이고, 세계 지배자는 죄인과 세리들의 친구요, 세계 심판

---

43 위르겐 몰트만, 박봉랑 외 4인 역, 『성령의 능력 안에 있는 교회: 메시아적 교회론』, 109.
44 위의 책.
45 위의 책, 155.
46 김정두, "몰트만의 삼위일체적-메시아적 교회론과 선교론", 2017, 86.
47 위르겐 몰트만, 박봉랑 외 4인 역, 『성령의 능력 안에 있는 교회: 메시아적 교회론』, 156.
48 위의 책, 155-156.

자는 가난하고 버림받은 인간이었는데 오히려 교회는 예수를 지배자로, 주로 만들어 권력에 관한 흠모와 경험에서 획득한 표상과 연관시켰다고 본다.[49] 이런 현상은 교회가 가장 경계해야 할 부분이다. 교회는 그리스도가 계신 곳에 존재하는 것이지 영광의 자리에 앉는 것은 교회의 존재 가치를 잊어버린 것이다.

교회는 주가 예수가 되신 것을 다시 예수를 주로 만들어 버렸다. 이런 교회는 역사 속에 있는 그리스도의 교회가 아니라 종교적 차원의 교회라고 몰트만은 말한다. 이렇게 된 교회는 교회나 목사의 권위를 주장할 뿐만 아니라 교회만을 위한 봉사와 헌신을 강요하게 되고 교회가 세상과 분리된 신앙생활을 하게 만들었다.

몰트만은 교회는 구체적 형태에 있어서 자신이 몸담고 있는 사회 환경에 일치하며 교회가 생존하는 사회의 지배 상황을 반영한다고 보았다. 따라서 그는 사회 구조의 지배 형태를 띤 교회는 비판을 받아야 한다고 말한다. 이것은 그리스도를 배신한 것이기 때문이다. 그 이유는 이런 교회는 그리스도를 반사한 것이 아니고 기존의 지배적, 억압적 상황을 반사했기 때문이다.[50] 그리스도를 교회 안에서만 믿고 만나기에 교회는 종교적 차원의 교회일 뿐 역사 속에 있는 그리스도의 교회가 될 수 없다.

---

49 위의 책, 156.
50 위의 책, 160.

4) 종교적 차원의 교회와 하나님 나라

몰트만 교회론의 특징은 관계적 교회론이다.

몰트만은 삶이란 자신이 서 있는 자리에서만 이해될 수 없다고 말한다. 삶은 살아 있는 한 그것은 다른 생명들과의 관계 안에 있다.[51] 그러하듯이 교회도 다른 것과의 관계 속에서만 바르게 이해할 수 있다. 몰트만이 말하는 관계적 교회는 삼위 하나님의 역사와의 관계다. 이 관계성은 기독론적 토대 위에 교회가 있고 또 다른 하나는 하나님 나라의 종말론적 방향을 가진 교회이며 마지막은 교회의 사명을 완수하게 해 주는 성령의 능력 안에 있는 교회라는 점이다.[52]

이런 면에서 몰트만은 삼위일체적 교회론이다.

몰트만 교회론의 특징 중 하나가 종말론적 방향성을 가진 교회론이다. 몰트만이 종말론적 방향을 가진 교회를 강조하는 이유는 교회가 방향을 상실하게 된다면 교회 자신이 희망의 자리에 앉게 된다고 보았기 때문이다. 더 나아가 교회는 성장을 목표로 삼고 이것이 그의 파루시아라고 생각한다.[53] 교회가 종말론적 방향을 상실했을 때 자신의 교회 성장에만 몰두하고 하나님 나라의 모습을 상실하게 된다.

교회의 기초가 그리스도론적으로 되어 있다면 교회는 당연히 종말론적으로 그리고 보편적으로 발전하게 된다. 교회가 그리스도를 주로 고백하는 곳이라면 그 통치의 넓은 영역으로 나아가기 때문이

---

51 위의 책, 199.
52 김동건, "몰트만 교회론의 특징들", 170-174.
53 위르겐 몰트만, 박봉랑 외 4인 역, 『성령의 능력 안에 있는 교회: 메시아적 교회론』, 117-118.

다.⁵⁴ 종말론적 방향이 교회의 중심이 되어야 하는데 몰트만은 만일 이 중심을 상실하게 된다면, 결국 지평을 상실하게 되는 것이라고 말한다.⁵⁵

몰트만은 기독교 종말론이 그리스도인만을 위한 종말론이 되어서는 안 된다고 주장한다.⁵⁶ 이런 주장을 통해 당시 독일 교회가 교회만을 위한 교회로 전락했음을 드러냈다. 교회가 종말론적 방향을 상실하면 교회 유지와 성장을 최우선 과제로 생각할 수밖에 없다.

당시 독일 교회가 큰 조직과 직무를 위한 훈련받은 전문가는 많았지만, 교회는 사람을 붙잡지 못하고 오히려 교회에 관한 무관심이 커져 갔다. 동시에 예배 출석은 줄어들었고 사회에 주는 영향은 눈에 띄게 줄었으며, 목사들은 신도들의 지지를 받지 못해 고독한 싸움을 벌이고 있었다. 따라서 목사와 그 지망생들은 교구들과 회중들의 필요를 채우지 못하는 실정이 되었다.⁵⁷

몰트만은 교회의 내적 갱신 욕구가 교회 안에 일어나고 있다고 판단하고, 교회가 세계에 관한 종말론적 갱신과 메시아적 해방의 전통을 되살려야 한다고 주장한다.⁵⁸ 가시적 교회는 그리스도의 교회로서 세계 화해를 위한 직무를 해야 한다. 하지만 가시적 교회는 절대적이 될 수 없다.⁵⁹

---

54 위의 책, 199-200.
55 위의 책, 200.
56 위의 책, 201.
57 박봉랑, "카리스마적 교회론: 몰트만의 교회의 새로운 이해의 한 면", 78.
58 이상직, "몰트만과 그의 신학: 희망과 희망 사이; 몰트만의 교회론: 하나님의 영광과 세계의 해방을 위한 교회론", 236.
59 위르겐 몰트만, 박봉랑 외 4인 역, 『성령의 능력 안에 있는 교회: 메시아적 교회론』, 229-230.

그는 교회의 절대성을 철저하게 경계한다. 왜냐하면, 교회가 다른 종교들과의 관계에 있어서 절대성을 강조한다면 종교적 차원의 교회로 전락하게 될 뿐만 아니라 종말론적 공동체로서의 성격을 상실하기 때문이다. 교회가 하나님 나라를 향한 종말론적 공동체로서의 성격을 상실한다면 교회의 성장이 그 자리를 차지하게 될 것이다.

5) 종교적 차원의 교회와 성령

몰트만은 세상에 대한 구원의 사명을 성취해야 하는 것은 교회에 있지 않고 하나님 나라는 오직 성령에 의해서 이루어진다고 말한다. 교회는 하나님 나라의 방향을 가져야 할 뿐 그것을 이루는 이는 성령이시기 때문이다. 그런데 전통적으로 교회는 성령을 중생과 성화의 영으로 규정하고 이를 강조했다. 이때 성령은 인간의 영혼을 중생시키고, 또한 이 영혼을 영적으로 거룩하게 만드는 영이 되었다고 몰트만은 보았다. 그는 이런 이해들이 성령의 활동을 종교적 영역 속에 가두는 잘못을 범한 것이라 비판한다.[60]

몰트만은 교회 공동체는 하나의 공동 임무가 전체 공동체에 또 그 구성원 개개인에게 위탁되어 있음을 기억하는 것이 중요하다고 말한다. 공동체에 위탁된 임무는 성령의 능력에 힘입어 그리스도를 통해서 믿는 자들을 하나님 나라로 부르는 일이다.[61]

---

60 김명용, "몰트만의 영성신학", 「장신논단」 18호 (2002), 253.
61 위르겐 몰트만, 박봉랑 외 4인 역, 『성령의 능력 안에 있는 교회: 메시아적 교회론』, 428.

몰트만은 이런 것이 무시된다면 교회의 정의는 교회의 권위와 기능에로 너무 쉽게 축소된다고 말한다.[62] 즉, 교회의 정의가 종교적 맥락 안에서만 다루어지게 될 것이라고 보았다.

하나님의 메시아 백성 일원이라는 사실에서부터 출발하지 않는 교회론은 성직 계급론(Hierarchologie)이 되어 버린다.[63] 우리가 성령께서 주시는 은사적으로 살아 있는 공동체를 우리의 출발점으로 삼지 않는다면 직무는 영적이 아닌 관리 계급의 일종으로 변하게 되며 은사는 종교적 천재의 제의(Geniekult)가 되어 버릴 뿐이다.[64]

몰트만에 의하면 성령은 살리는 영이다. 그는 하나님의 영은 거룩한 영이라고만 말하지 않고 생명의 영이라고 일컬어졌음을 밝힌다.[65] 그러므로 성령에 의한 선교도 생명의 선교라고 한다. 김명용은 이 생명의 선교가 완성에 이른 곳이 하나님 나라라고 말한다.[66]

교회는 선교를 회심 경험을 전달하는 정도로 생각하는 것과 자신의 신앙 결단으로 그리스도교적 제국이나 문명 그리고 서구의 종교적 가치 확산으로 보는 시각을 버려야 한다. 더 나아가 교회의 확장과 증식으로 보는 좁은 사고를 버려야 한다. 몰트만은 교회가 인간과 세상을 살리고자 하시는 성령의 활동에 동참해야 함을 강조한다.[67]

---

62 위의 책, 414.
63 위의 책.
64 위의 책.
65 위르겐 몰트만, 이신건 역, 『생명의 샘: 성령과 생명 신학』 (서울: 대한기독교서회, ⁴2000), 77.
66 김명용, "몰트만의 영성신학", 256.
67 위르겐 몰트만, 박봉랑 외 4인 역, 『성령의 능력 안에 있는 교회: 메시아적 교회론』, 414.

몰트만은 교회가 하나님의 종말론적 역사 안에서 이해되지 않는다면 교회는 역사에 의해서 개방되는 미래에서부터 출발하지 않고 교회의 상태에서 출발하게 되며 신학과 교회 조직을 분리함으로써 공동체의 공적 삶은 없어지고 정신분열증을 일으킨다고 말한다.[68] 즉, 교회의 삶과 현실 삶의 이원화가 일어난다는 의미다.

그때 교회는 종교적 교회, 내적 만족을 위한 교회로서만 기능할 뿐이고 공적 삶의 자리에서는 아무런 역할을 하지 못하는 곳이 되어 버린다. 몰트만은 수도원적 영성을 비판한다. 왜냐하면, 수도원적 영성은 수도사나 수녀들로 세속의 삶을 떠나 금욕과 명상을 하게 했고 이 훈련을 통해 하나님 앞에 자신을 성찰함으로 일상생활과 분리시키고 영성을 심령화시켰기 때문이다.[69]

몰트만은 '영성'이란 말이 교회 에큐메니컬운동을 통해 독일어권에서 통용되고 있다는 것에 주목한다. 그는 기독교 영성이 종교성으로 사용되는 것을 경계한다. 영성은 종교성이란 말보다 더 큰 의미를 가진다. 영성은 종교적 욕구나 감정 혹은 종교의 주관적 면에 있어서 인간의 내면성을 포괄하는 것도 있지만, 그 차원을 훨씬 뛰어넘는다. 그에 의하면 영성은 하나님의 영 안에 있는 삶을 의미하는 것과 하나님의 영과 살아 있는 교제를 뜻한다.[70]

몰트만은 참된 기독교 영성은 기도생활이나 신앙생활의 종교적 측면에서뿐만 아니라 인간의 모든 생활에서 하나님의 생명력으로 가득

68　위의 책, 414-415.
69　박화경, "한국교회교육의 변화를 위한 과제들", 「기독교교육논총」 제27집 (2011), 69.
70　위르겐 몰트만, 김균진 역, 『생명의 영: 성령의 생명 신학』, 117.

차는 새로운 생활 방식이라고 말한다.[71] 이는 영성이 교회 안에 머물러 내면화된 것을 반대하고 하나님과의 관계 안에서 공적 삶의 부분으로의 변화를 말하는 것이다. 김명용은 세상을 떠나 영적 세계로 도피하는 것은 바른 그리스도교의 영성이 아니라고 한다.[72] 즉, 교회가 종교적 영역에서만 성령의 역할을 말하는 것을 경계하는 것이다.

2. 역사적 차원의 교회

교회는 역사 안에 존재하며 역사 안에서 살아간다.[73] 교회가 역사 안에서 살아간다고 할 때는 고정된 어떤 것이 아니라 역사 속에서 움직이고 있는 것을 말한다. 따라서 그는 교회를 살아 있는 유기체로 본다. 삶이란 자체가 고정되어 있지 않고 살아 있기에 그 자신이 서 있는 자리에서만 이해될 수 없고 다른 생명들과의 관계 안에 있으며 시간의 연결 안에 있으며 희망의 전망을 가지고 있는 것이다.[74] 살아 있는 교회란 결국 종교적 교회를 넘어선 역사 속에 있는 교회를 의미한다. 시간을 가진다는 것은 역사 속에 있다는 뜻이다.

---

71 박화경, "한국교회교육의 변화를 위한 과제들", 69.
72 김명용, "몰트만의 영성신학", 275.
73 위르겐 몰트만, 박봉랑 외 4인 역, 『성령의 능력 안에 있는 교회: 메시아적 교회론』, 291.
74 위의 책, 199.

1) 하나님의 백성으로서의 교회

몰트만은 교회의 본질은 세계 속에 있는 하나님의 백성이라고 정의한다. 이것은 성부와 성자와 성령 하나님이 이 세상과 만나고 섭리해 나가는 역사적 과정을 통해서만 교회를 이해하는 것이다.[75] 몰트만이 생각하는 교회는 단순히 교회 건물만을 뜻하는 것이 아니다.

그에게는 종교적 교회에 관한 관점도 있지만, 그는 교회를 하나님의 백성이라고 말한다. 따라서 교회는 그를 불러내고 해방시키고, 모은 하나님 앞에서 모든 시대에 스스로를 새롭게 해야 한다. 이는 교회를 세계에 관계하는 하나님의 삼위일체 역사 안에서 더 발전시킨 것이다.

몰트만은 『성령의 능력 안에 있는 교회: 메시아적 교회론』이라는 책에서 자신이 이 글을 쓴 또 다른 목적을 밝혔다. 그의 또 다른 하나의 목적은 민중을 위한 목회적 교회의 모습에서 민중 속에 있는 민중 친교의 교회로 나아가는 것이다.[76] 이 말은 단순히 교회가 종교적 교회의 차원을 넘어서 역사 속에 있는 교회임을 말하려 했음을 보여준다.

앞에서 밝혔듯이 몰트만은 여러 나라를 여행함으로 독일 교회의 한계를 보았다. 이때 그는 종교적 차원에 갇혀 있는 교회가 아니라 민중 속에 있는 교회 즉 역사적 교회를 생각한 것이다.

---

[75] 박태수, "칼빈과 몰트만의 교회론 비교 연구: 삼위일체적 관점에서", 「조직신학 연구」 제27호 (2017), 392.

[76] 위르겐 몰트만, 박봉랑 외 4인 역, 『성령의 능력 안에 있는 교회: 메시아적 교회론』, 7.

그에게 있어서 종교적 교회는 책임 있게 신학적으로 복음을 선포하면서는 주의 만찬을 나누며 새 출발의 표징으로서 세례를 받고 예수의 친교 속에서만 살 수 없다.[77] 그는 교회가 종교 공동체 안에서 그 직책에 머물러서는 참다운 교회의 모습이 될 수 없다고 판단했다.

몰트만은 역사 속에서 하나님은 감추어진 방식으로 통치하신다고 말한다.[78] 하나님은 단순히 교회가 종교적 차원으로서만 머무는 것이 아니라 이 역사 속에서 감추어진 방식으로 역사하신다는 뜻이다.

역사적으로 해방하는 하나님의 통치는 오고 있는 나라로 자기 성취를 향하고 있다. 반대로 오고 있는 나라는 이미 역사의 갈등 속에 그 빛을 던지고 있다.[79] 감추인 방식으로 존재하며 그 역할을 하는 것이 역사 속에 있는 교회다. 왜냐하면, 교회는 하나님 나라의 선취이기 때문이다. 이는 교회 중심적 신학에서 벗어나 또 다른 차원의 한 방식인 역사적 차원으로 그의 교회론을 넓혀 갔다는 것을 의미한다.

몰트만에 따르면 역사적 교회는 그리스도의 역사에서 이미 시작한 종말론적 미래로부터 현재를 보는 것이다. 이런 관점에서 교회를 보면 오고 있는 하나님의 통치를 이미 역사적 교회 안에서 인식하게 된다. 몰트만은 세계 속에 있는 하나님의 백성으로서 하나님의 역사에 참여하는 교회를 강조한다.[80]

---

77 위의 책.
78 위의 책, 281.
79 위의 책.
80 박태수, "칼빈과 몰트만의 교회론 비교 연구: 삼위일체적 관점에서", 394.

2) 역사 속에 있는 교회와 그리스도와의 관계

몰트만은 교회는 그리스도부터 시작되었다고 하면서 역사 안에 존재하는 현재의 교회는 역사적 예수와 하나님 나라 사이에 존재한다고 보았다.[81] 그는 본질적으로 그리스도의 교회만이 진정한 교회라고 보았다.[82] 따라서 그는 여기에서부터 교회론의 출발점을 삼는다.

그의 교회론은 가장 먼저 그리스도 역사와의 관계로부터 살핀다. 그는 교회는 과연 그리스도와 어떤 관계를 맺고 있는지 질문한다. 또한, 반대로 그리스도는 교회와 어떤 관계를 맺고 계신가라는 질문도 던진다.

그는 교회는 그리스도의 역사로부터 나온다고 말한다. 그리고 교회는 그리스도의 역사 안에 산다고 믿는다. 그리스도의 이름을 부를 때에 교회는 역사의 완성을 희망하는 것이다.[83]

교회가 진정한 교회라면 그리스도의 빛이 어둠 속에서 자유에의 길을 찾고 있는 인간들을 위해서 얼굴에서 반사해야 한다.[84] 이것은 교회가 그리스도에 의해서 시작되었기에 그리스도를 드러내는 것이 교회의 역할임을 지적한 것이다. 교회가 그리스도의 얼굴을 역사 속에서 반사하지 못한다면 그리스도의 교회가 될 수 없기 때문이다.

몰트만은 교회가 인류를 위해서 존재한다는 것은 그리스도의 사명과 교회의 사명에 관한 적극적 세계관에서부터 나온 것이라고 말한

---

81 김동건, "몰트만 교회론의 특징들", 174.
82 박태수, "칼빈과 몰트만의 교회론 비교 연구: 삼위일체적 관점에서", 395.
83 위르겐 몰트만, 박봉랑 외 4인 역, 『성령의 능력 안에 있는 교회: 메시아적 교회론』, 39.
84 위의 책, 40.

다.[85] 박태수는 교회는 예수의 뒤를 따라 이 역사 안에서 예수의 방법으로 억압받는 자들을 해방시키는 일에 동참할 때만이 예수 그리스도의 교회로서 정체성을 갖는다고 말한다.[86]

몰트만은 교회가 바라보고 사는 미래를 추상적 꿈으로 발전시키는 것이 아니고 세계 안에 있는 기독교의 구체적 관계에 의미를 부여해야 한다고 말한다. 즉, 교회는 세계의 희망이 되어야 한다는 것이다. 교회가 다른 생명에 관심을 갖고 그리스도의 교회로서 그렇게 된다면 역사와의 동반자 관계에 들어가게 된다. 이때 교회는 생명의 미래에 대해 관심을 가지게 될 것이다.[87]

역사 속에 있는 교회는 종교적 영역 안에만 머무는 것이 아니라 역사적 실체로서 그리스도의 사역에 관심을 가져야 하며 그리스도의 사역에 동참하는 교회로 나아가야 함을 말한 것이다.

몰트만은 교회는 비판적 자유 안에서 세상과 대결해야 한다고 생각한다. 이런 가운데 교회는 믿을 만한 새로운 삶의 계시를 세상에 보여 줄 의무가 있다.[88] 이것은 역사적 교회가 해야 할 사명에 관해 말한 것이다.

사명을 논하기 전 몰트만은 역사 속에 있는 교회에 관해 바르게 이해하려고 한다. 왜냐하면, 그는 살아 있는 곳은 그 자체를 스스로 이해할 수 없다고 보기 때문이다. 교회는 살아 있는 곳이기에 자체의

---

85 위의 책, 109.
86 박태수, "칼빈과 몰트만의 교회론 비교 연구: 삼위일체적 관점에서", 396.
87 위르겐 몰트만, 박봉랑 외 4인 역, 『성령의 능력 안에 있는 교회: 메시아적 교회론』, 200.
88 위르겐 몰트만, 김균진 역, 『십자가에 달리신 하나님: 기독교 신학의 근거와 비판으로서의 예수의 십자가』, 15.

사명, 의미 그리고 역할과 기능을 다른 것들과의 관계에서만 바르게 이해할 수 있다고 주장한다.[89]

이때 그는 예수의 메시아 사명에 주목한다. 예수의 사명은 죽음에서 완성했고 그의 부활을 통해 완전한 효력을 얻었다. 그는 교회란 그의 역사를 통해 시작되었다고 보았다. 그렇다면 교회는 예수의 죽음과 부활을 통해 그의 사명에 참여하게 되며, 장차 올 하나님 나라 그리고 인간 해방을 위한 메시아적 교회가 된다. 몰트만은 그의 사명에 참여하는 교회는 그가 받은 사명 속으로 이끌려 들어가고 예수의 고난에 동참함으로 그의 부활 능력을 경험할 것이라고 말한다.[90]

몰트만은 교회가 "메시아적 해방의 현재적 형태"라고 말한다. 이런 교회는 예수를 해방자로 선포하고 그분과 함께하는 그 자체의 역사를 종말론적으로 이야기함으로써 복음을 세상에 전달하고 인류에게 희망과 해방을 고취시킨다. 그는 복음은 교회의 말씀이 될 수 없다고 말한다. 오히려 교회가 말씀의 교회로서 자신을 이해한다고 말한다.[91] 즉, 교회는 복음의 주체가 될 수 없고 복음의 수단으로서 이해해야 한다는 것이다.

만일 교회가 자기 자신에게만 관심을 가진다면 교회는 그 자신의 완성만을 보게 된다. 그러나 교회가 다른 생명에게 관심을 갖는다면 그리스도의 교회로서 그리스도의 역사와 동반자 관계에 들어가게 된다.[92]

---

89 위르겐 몰트만, 박봉랑 외 4인 역, 『성령의 능력 안에 있는 교회: 메시아적 교회론』, 39.
90 위의 책, 129.
91 위의 책, 131.
92 위의 책, 200.

몰트만은 교회 공동체를 "해방된 자의 공동체"라고 말한다. 동시에 "다시 회개함으로 찾아오는 자들의 공동체"라고도 말한다. 따라서 교회는 "희망하는 자들의 공동체"다. 그들의 공동체는 세계 안에서 자유의 부름의 확장에 봉사하며 희망을 가진 새로운 공동체로서 사회적 형태 자체가 되어야 한다.[93] 따라서 교회는 하나님 앞에서 모든 사람과 연대 책임적 교제 속에 있다. 그리고 교회는 세계를 향해서 생명과 자유를 위해 공통적으로 부르짖어야 한다.[94]

이 사명을 감당할 때 교회는 자신이 존재하고 있는 사회와 충돌하게 된다. 더 나아가 과거의 세력들과 미래의 힘 그리고 압제와 해방 사이의 충돌을 불러일으키게 된다.[95] 이것이 교회에 맡겨진 예언자적 사명이다. 따라서 몰트만은 교회가 그 시대 자신의 삶, 삶의 형태들, 말과 침묵들 그리고 자신의 행동과 행동하지 않은 모든 것을 하나님의 법정 앞에서 반성할 것이라고 말했다.[96] 몰트만의 생각은 결국 이 세상에 존재하는 역사적 교회는 예수 그리스도가 교회에 부여된 책임을 다해야 함을 강조한 것이다.

몰트만은 그리스도는 교회가 진정 기독교회인가 아닌가를 결정하는 시금석이라고 보았다.[97] 그중에도 십자가는 몰트만 신학의 핵심이다. 십자가는 몰트만 그리스도론의 뼈대일 뿐만 아니라 그의 신학

---

93 위의 책, 15.
94 위르겐 몰트만, 김균진 역, 『십자가에 달리신 하나님: 기독교 신학의 근거와 비판으로서의 예수의 십자가』, 15.
95 위르겐 몰트만, 박봉랑 외 4인 역, 『성령의 능력 안에 있는 교회: 메시아적 교회론』, 129.
96 위르겐 몰트만, 김균진 역, 『십자가에 달리신 하나님: 기독교 신학의 근거와 비판으로서의 예수의 십자가』, 15.
97 위의 책, 13.

의 중심이다. 김동건은 몰트만에게는 교회의 정체성도 십자가에 달린 그리스도와 동일한가라는 점에 있다고 주장했다.[98]

몰트만은 "십자가에 달리신 예수"가 교회의 근원이라고 말했다. 그는 그리스도의 공동체로서 교회는 십자가에 의해서 생긴 것이라고 보았다. 따라서 교회는 십자가 아래에 있는 교회다. 따라서 교회는 십자가의 그늘 밑에 사는 사람들과 연대 관계에 서 있어야 한다고 주장한다.[99]

몰트만은 교회가 다시금 희망과 용기의 중심으로 등장하도록 한 것도 그리스도의 십자가이고, 사회와 교회 안에서 먼 미래의 차원을 열어 주는 근거도 그리스도의 십자가였음을 강조한다.[100] 부활의 빛에서 본 십자가상에서의 그의 최후는 복음을 버림받은 자들에게 그리고 저주받은 자들에게 가져온 참된 시작이었다.[101] 이 그리스도의 십자가가 기독교의 내적 규범이며 외부의 모든 것과 구분하게 하는 것이다. 그의 말을 들어 보자.

> 몰트만은 기독교적이라고 주장하는 모든 신학과 교회는 하나의 내적 규범을 가지고 있으며, 이 규범은 외부로부터 오는 모든 정치적, 사상적 그리고 심리학적 비판 이상의 것이라고 주장하면서 그리스도의 모든 규범의 근거는 바로 십자가에 달리신 그라고 말한다. 따라

---

98 김동건, 『그리스도론의 역사: 고대 교부에서 현대 신학자까지』, 786.
99 위르겐 몰트만, 김균진 역, 『십자가에 달리신 하나님: 기독교 신학의 근거와 비판으로서의 예수의 십자가』, 132-134.
100 위의 책, 12.
101 위르겐 몰트만, 박봉랑 외 4인 역, 『성령의 능력 안에 있는 교회: 메시아적 교회론』, 135.

서 교회는 십자가의 말씀이 외치는 진리에 관한 규범이라고 하면서 여기에서 거짓된 진리에 관한 심판이 일어난다.[102]

기독교회와 신학은 그들의 동일성의 엄격한 핵심을 십자가에 달리신 그리스도를 통해 보여 준다. 몰트만은 그리스도를 통해 교회가 처한 사회와 더불어 질문의 대상이 될 때만이 현대 세계의 제반 문제에 대해 타당성을 가질 수 있을 것이라고 보았다.[103] 그리스도의 십자가와 부활에 참여하는 교회가 메시아적 교회이며 이것이 참된 교회다. 즉, 십자가 아래에 있는 교회가 참된 교회라는 주장이다.[104]

몰트만의 교회론을 '메시아적 교회론'이라고 부르는데 이 모든 것은 십자가와 관련이 있다. 따라서 역사 안에 있는 교회는 그리스도의 십자가와 부활을 끊임없이 회상해야 하며, 하나님 나라를 향해 움직여야 한다.[105] 교회는 그리스도를 통해 희망의 표지를 드러내야 하며 십자가에서 죽으신 예수를 바르게 고백해야 한다. 이런 것을 통해 하나님 나라는 선취되는 것이다.[106] 이처럼 몰트만의 신학에서 십자가는 기독교 신앙과 교회 정체성의 근거가 된다.[107]

---

102 위르겐 몰트만, 김균진 역, 『십자가에 달리신 하나님: 기독교 신학의 근거와 비판으로서의 예수의 십자가』, 13.
103 위의 책, 14.
104 위르겐 몰트만, 박봉랑 외 4인 역, 『성령의 능력 안에 있는 교회: 메시아적 교회론』, 103.
105 위의 책, 291.
106 위의 책, 60.
107 김동건, 『그리스도론의 역사: 고대 교부에서 현대 신학자까지』, 786.

3) 종말론과 역사 속에 있는 교회의 관계

몰트만은 역사적 교회는 다른 것과의 관계에서 출발할 수 없고 하나님 역사와의 관계에서 출발해야 한다고 말한다.[108] 그는 역사 안에 존재하는 교회는 과거를 회상하는 것으로 존재하는 것이 아니라 하나님 나라를 희망함으로 존재하고 그리스도의 역사 의미를 성취하는 도중에 있다고 말한다.[109] 즉, 현재의 교회는 역사적 예수와 하나님 나라 사이에 존재한다는 의미다.[110] 따라서 교회는 종말론적 실체이면서 동시에 역사 내에서 그 종말론을 향해 나아가야 하는 역사적 실체다.[111]

그러나 종말은 하나님의 역사에 있음으로 역사적 교회는 그 종말을 향해 갈 수 있지만, 종말을 이룰 수 없다. 교회는 희망의 대상이지만 희망은 아니다. 그리스도만이 희망이며 역사를 완성하는 분이시다. 따라서 교회는 그리스도의 희망에 봉사할 뿐이임을 강조한다.

교회가 개개의 그리고 특수한 현상들이 세계에 관계하는 하나님의 역사에서 그 자체를 이해하려고 한다면 반드시 하나님의 역사 안에서 자기 자신을 이해하지 않으면 안 된다. 교회 자체가 이 운동 속에 있는 것이지 운동을 넘어서거나 운동의 마지막을 결정할 수 없기 때문이다.[112] 여기서 하나의 문제가 발생한다.

---

108 위르겐 몰트만, 박봉랑 외 4인 역, 『성령의 능력 안에 있는 교회: 메시아적 교회론』, 86.
109 위의 책, 60.
110 김동건, "몰트만 교회론의 특징들", 174.
111 위르겐 몰트만, 박봉랑 외 4인 역, 『성령의 능력 안에 있는 교회: 메시아적 교회론』, 42.
112 위의 책, 85.

운동 속에서 파악되는 이 역사에 관해서 어떻게 일정한 진술이 가능하게 되는가?

시대마다 그 시대의 움직임이 있다. 모든 시대는 달라질 수밖에 없다. 종교개혁이 일어나기 이전 시대는 변화가 거의 없었다. 하지만 이성의 발달과 과학의 진보로 시대는 매우 달라졌다. 그 당시 신학은 일관된 신학을 펼침으로 시대에 응답하지 못했다. 이렇게 급변하는 시대에 하나님의 역사를 어떻게 일정하게 진술하는 것이 가능한가라는 질문이 대두될 수밖에 없다.

또한, 이 역사에 있어서 항상 미완성된 인식이 한 개념으로 확정될 수 있는가라는 질문도 발생한다. 교회가 종말을 완성할 수 없고 완성된 적도 없다면 한 번도 경험하지 못한 것을 어떻게 역사 내에서 인식할 수 있는가라는 문제는 당연히 제기된다.

여기에 대해 몰트만은 인식은 자체 안에서 움직여진 인식으로서만 이해해야 한다고 말한다. 그는 교회는 세계에 관계하는 하나님의 역사에 참여함으로 자신을 바르게 이해할 수 있다고 말한다. 이때 교회는 하나님의 역사 속에 있는 하나의 요소라는 사실을 알게 된다.

자기 자신을 이해하려는 교회의 시도들은 세계에 관계하는 하나님의 삼위일체적 역사를 이해하려는 시도들이다. 동시에 이런 교회의 시도들은 교회 자체를 이해하려는 시도라고 몰트만은 말한다.[113] 이런 시도에서만 일정한 진술이 일어난다. 질적으로 다른 하나님 나라를 향해 움직이려고 할 때 즉 종말론을 향해 나아가려고 할 때 이 세계에 관해 교회는 어떤 관계를 가져야 하는가?

---

113 위의 책, 86.

몰트만은 그리스도의 방식으로 소외될 때 생기는 관계를 말한다. 오직 교회는 그리스도의 방식으로 그의 주위 세계에서 소외될 때만 세계 가운데서 그리스도가 약속하신 하나님 나라의 근원성을 볼 수 있고, 또 보게 될 것이기 때문이다.

그는 언제나 교회가 그 환경 가운데서 그리스도를 감히 내세우려 하고, 그 이외에 다른 아무 소리도 들으려 하지 않을 때 주위 세계로부터 충돌이 일어나며 이때 교회는 자신의 현재에 얽매인 것들을 메시아적으로 해방시키는 자신의 사명에 동참하게 된다는 것이다.

몰트만은 그때 교회는 그리스도의 고난의 운명 속에 끌려 들어가고 교회의 십자가를 질 것이라고 말한다.[114] 그리스도교는 단지 부록에서만이 아니라 전적으로 완전히 종말론이요, 희망이며, 앞을 바라보는 전망이고 앞으로 나아가는 행진이다.[115] 그는 역사 속에 있는 교회가 완전히 종말론적 공동체라는 사실을 분명히 한다.

몰트만은 교회를 종말론적이면서도 역사적 실체로 본다. 따라서 교회는 하나님의 종말에까지 미치는 갈등을 지양할 것이라고 말한다. 궁극적으로 하나님 나라가 임할 때까지 교회는 여기에 봉사한다고 보았다.

하나님 나라의 선포와 그것의 구체화이신 그리스도는 교회를 가능하게 하셨고 동시에 불가능하게 하셨다. 즉, 하나님 나라가 가까이 있다는 사실에서 하나님의 백성이 모이는 한 교회를 가능하게 하셨고 반대로 이 백성이 자기 자신을 넘어서 모든 것을 성취하는 이 나

---

114 위의 책, 107.
115 위르겐 몰트만, 이신건 역, 『희망의 신학: 그리스도교적 종말론의 근거와 의미에 대한 연구』(서울: 대한기독교서회, 2004), 22.

라로 향해서 서두르고 있기 때문에 교회를 불가능하게 하셨다.[116] 그는 그리스도의 약속을 회상하고 하나님 나라를 희망해야 하지만 여전히 교회는 자신의 역사 안에서 움직이는 임시적 현상으로 이해해야 한다고 말한다.[117] 이것이 역사 안에 있는 교회라는 것이다.

몰트만은 십자가에 달리신 예수와의 친교는 결국 기독교인들이 십자가에서 보이게 사는 사람들 곧 가난한 자들과 장애인들 그리고 밖으로 쫓겨난 자와 갇힌 자뿐만 아니라 박해받은 자들과의 친교라고 말한다.[118] 교회는 역사 안에서 살아가기 때문에 십자가에 못 박히신 그리스도의 부활에 기초를 둔다.

또한, 그 미래는 포괄적인 자유의 나라가 된다. 오히려 교회는 하나님 나라의 완성이 아니라고 주장한다. 그렇다면 교회는 그리스도에 대해 살아 있는 회상을 통해 하나님 나라로 향하게 하는 것이다. 그는 하나님 나라에 대한 살아 있는 희망은 그리스도에 대한 지칠 줄 모르는 회상으로 소급된다고 주장한다.[119]

몰트만은 역사 속에 있는 교회와 하나님 나라의 관계를 밝히고 있다. 그는 교회는 완성될 하나님 나라의 관점에서 비추어 볼 때 비로소 현재 교회의 자리가 정립된다고 한다. 이것은 다가올 하나님의 미래가 현재 교회의 자리를 규정한다는 뜻이다.[120] 분명한 것은 몰트만은 교회가 하나님 나라가 아님을 강조하고 있다. 오히려 몰트만은 교

---

116 위르겐 몰트만, 박봉랑 외 4인 역, 『성령의 능력 안에 있는 교회: 메시아적 교회론』, 45-46.
117 위의 책, 46.
118 위의 책, 149.
119 위의 책, 291.
120 김동건, "몰트만 교회론의 특징들", 172.

회는 하나님 나라를 향한 뚜렷한 목표를 가진다고 말한다.[121] 현재의 역사적 교회는 그 자체 안에서 존재의 의미를 가질 수도 없고, 가지는 것도 아니다. 오히려 교회는 다가오는 하나님 나라에 의해 규정된다. 따라서 교회의 최종 목표는 하나님 나라라고 말한다.[122]

이런 생각 속에 몰트만은 교회가 추상적 미래를 바라보는 것을 문제시한다. 교회가 그리스도의 교회라고 한다면 종말론적 방향 즉 하나님 나라를 말해야 한다.[123] 몰트만은 하나님 나라는 현재 교회가 나아가야 할 미래를 가지게 하며, 하나님의 성취될 약속은 오늘날 교회에게 선교 사명이 무엇인지를 보여 준다고 말한다. 따라서 현재의 교회는 예수 그리스도를 근원으로 하고 하나님 나라를 목표로 하는 과정 속에 있는 것이다.[124]

그렇다면 하나님 나라는 어떤 곳인가?

몰트만은 하나님 나라를 영토의 개념으로나 죽어서 가는 피안적인 것으로 보지 않고 통치 개념으로 본다.[125] 이때의 통치는 단순히 창조와 섭리를 통한 하나님의 세계 통치를 말하는 것이 아니다. 오히려 하나님 나라는 결정적으로 해방하며 모든 것을 구원하는 것이다. 즉, 만물의 새 창조를 실현하는 것을 말한다. 이것은 처음 창조와 완전히 구별된다. 하나님은 자신의 영원한 영광과 생명을 가지고 자신의 나라 안에 거주하시며 모든 것 안에 모든 것이 되신다.[126]

---

121 위르겐 몰트만, 박봉랑 외 4인 역, 『성령의 능력 안에 있는 교회: 메시아적 교회론』, 289.
122 위의 책, 281.
123 위의 책.
124 김동건, "몰트만 교회론의 특징들", 174.
125 위의 논문, 184.
126 위르겐 몰트만, 박봉랑 외 4인 역, 『성령의 능력 안에 있는 교회: 메시아적 교회

또한, 하나님의 통치는 현재 세계와는 질적으로 다른 하나님의 종말론적 지배를 뜻한다. 이는 그 어떤 것으로도 제한받지 않으며, 세계의 한계를 뛰어넘어 정치적인 것, 사회적인 것, 종교적인 것, 사사로운 것, 죽은 자뿐만 아니라 산 자까지 모두 포함되는 종말론적 지배다.[127] 예수 그리스도의 통치 아래 있는 것이다.

예수 그리스도의 통치 속에 있는 하나님 나라에 관한 이해를 가진 교회는 세계에서 예수 그리스도의 통치를 종말론적으로 실현시켜 나가는 것이다. 종말론적으로 실현시켜 나가는 교회가 "해방받은 교회이며 해방시키는 교회"다.[128] 몰트만은 참 교회는 "해방된 자의 찬미"라고 말한다.[129]

여기서 몰트만은 그리스도의 교회는 역사적으로 해방하는 통치를 오고 있는 나라에서 성취되도록 그곳으로 향해야 한다고 말한다. 반대로 그는 오고 있는 나라가 역사의 갈등 속에서 이미 그 빛을 던지고 있다고 말한다. 따라서 교회는 하나님 나라를 종말론적 왕국의 내재로 이해하고 오고 있는 왕국을 현재 믿어지고 체험되는 하나님 통치의 초월로서 이해할 수 있다고 말한다.[130]

즉, 교회는 아직 하나님 나라를 성취한 곳은 아니지만, 역사 내에서 일어난 선취다. 교회는 아직 새로운 피조물은 아니지만, 새롭게 창조하는 성령의 활동의 장이다. 그는 기독교는 아직 새로운 인류는

론』, 152.
127 위의 책.
128 위의 책, 281.
129 김영한, "현대신학의 교회론", 「기독교사상」 통권 410호 (1993), 225.
130 위르겐 몰트만, 박봉랑 외 4인 역, 『성령의 능력 안에 있는 교회: 메시아적 교회론』, 281.

아니라고 말하면서 오히려 이 역사에서 죽음에 관한 저항과 자포자기를 이기게 하고 인간의 미래를 위한 새로운 인류의 전위대가 된다고 말한다.[131]

4) 종말론적 방향을 가진 교회와 성령의 역할

몰트만은 교회는 그리스도의 역사의 의미를 성취하는 도중에 있다고 보았다. 따라서 교회는 전적으로 그리스도를 바라보며 성령 안에서 산다고 말한다. 이런 점에서 교회 그 자체는 새로운 창조의 미래의 시작과 보증이 된다고 주장한다. 이때 교회는 역사 속에 있는 공동체이며 동시에 종말론적 공동체로서 희망의 공동체가 된다고 말한다.[132] 또한, 몰트만에 따르면 성령은 단지 개인에게만 작용하는 영이 아니라, 근본적으로 교회와 공동체에 역사하는 영이시다.[133]

교회는 역사적 실체이면서 동시에 종말론적 실체다. 어떻게 역사적 실체인 교회가 종말론적 방향성을 향해 갈 수 있는가라는 문제가 발생한다. 왜냐하면, 역사적 교회가 하나님 나라를 선취한 경험은 있지만, 하나님 나라를 온전히 이룬 적이 없기 때문이다. 몰트만은 교회가 노력한다고 해서 하나님 나라가 이루어지는 것이 아니라고 분명히 밝힌다. 이 둘 사이의 관계는 다만 성령론적으로만 이해할 수 있다는 것이 몰트만의 주장이다.[134]

---

131 위의 책, 289.
132 위의 책, 60.
133 현요한, "몰트만과 그의 신학: 희망과 희망 사이; 몰트만의 성령론", 「한국조직신학논총」 12권 (2005), 205.
134 위르겐 몰트만, 박봉랑 외 4인 역, 『성령의 능력 안에 있는 교회: 메시아적 교회

또한, 몰트만은 교회가 항상 믿고 있는 신앙과 교회에서의 경험 사이의 긴장을 가진다고 말한다. 그는 신앙과 경험이 일치하는 역사적으로 증명할 수 있는 교회의 이상적 형태는 이 역사에 결코 없었다고 말한다.[135] 이런 역사적 실체인 교회가 하나님 나라를 향해 갈 수 있는 것과 마침내 이루게 될 종말론의 완성은 오직 성령에 의해서 이루어진다. 즉, 역사적 교회는 하나님 나라를 향한 어떤 노력을 한다고 해도 이룰 수 없고 하나님 나라는 오직 성령에 의해서 이루어짐을 강조한 것이다. 즉, 성령은 교회가 예수의 길을 따르고 선교 과제를 완수하게 해 주시는 분이다.[136]

교회가 종말론적 방향성을 가져야 한다고 말하면서 하나님 나라를 이룰 수 없고 오직 성령에 의해 완성된다면 교회의 위치는 어디에 있는가?

여기에 대해 몰트만은 역사 속에 있는 교회는 관계적 교회론 속에서 현재와 미래 사이에 있다고 본다. 즉, 완성된 하나님 나라와 현재 사이에 있는 것이 교회라는 뜻이다.[137]

하나님 나라의 완성은 성령의 역사다. 교회는 하나님 나라의 완성을 향해 나아가는 역사적 실체다. 교회가 하나님 나라의 완성을 향해 가려고 한다면 교회는 성령의 역사 속에 있어야 한다. 즉, 성령은 현재 교회의 바른 역할과 관계 있다는 말이 된다.[138]

론』, 60.
135 위의 책, 41.
136 김동건, "몰트만 교회론의 특징들", 174-175.
137 위르겐 몰트만, 박봉랑 외 4인 역, 『성령의 능력 안에 있는 교회: 메시아적 교회론』, 289.
138 김동건, "몰트만 교회론의 특징들", 175.

몰트만은 교회가 말하는 희망은 삶의 힘이고, 삶은 열린 관계들 속에서 이루어진다고 보았다. 따라서 하나님 나라는 추상적으로가 아니라 구체적으로 기독교의 산 관계들에서 서술되어야 한다고 믿는다.[139] 물론 여기 이 세상에서 구체성을 드러내는 것은 그리스도의 교회라고 불리는 모든 곳이다.

그렇다면 어떻게 구체적일 수 있는가?

몰트만은 교회의 기능과 직무 그리고 그것에 부여된 은사와 의무에서 해답을 제시한다. 몰트만은 교회의 다양한 직무를 가지고 있으며 그 책임을 갖고 있는 교회로서 성령의 현존과 활동 안에서 이해하고자 한다.[140] 김정두는 몰트만은 성령론의 관점에서 교회론을 다루는데 이때 교회는 성령의 능력, 성령의 기름 부음 안에 있는 공동체라고 주장하고 있다.[141]

몰트만은 교회는 성령의 직무를 가지고 있다고 말한다. 교회는 이 세상 속에서 모임과 사명의 구체적 사건들을 마주하고 있으므로 교회를 공동체라고 부른다.[142] 이때 몰트만은 직무 안에 성령이 있는 것에 반대한다. 오히려 성령의 현존과 활동 안에 교회의 직무가 있다고 말한다. 이것은 매우 중요한 생각이다. 교회의 직무 안에 성령이 갇혀지게 되면 교회의 직무는 대단히 중요하게 되기에 관리 계급으로 전락하게 되며 이때 은사는 종교적 천재의 제의가 되어 버린다.[143]

---

139 위르겐 몰트만, 박봉랑 외 4인 역, 『성령의 능력 안에 있는 교회: 메시아적 교회론』, 5.
140 위의 책, 413.
141 김정두, "몰트만의 삼위일체적-메시아적 교회론과 선교론", 90.
142 위르겐 몰트만, 박봉랑 외 4인 역, 『성령의 능력 안에 있는 교회: 메시아적 교회론』, 413.
143 위의 책, 414.

여기서 더 나아가 몰트만은 그리스도와의 친교는 성령의 체험에 근거한다고 말한다. 하나님 나라 안에서의 교회의 친교는 교회를 진리와 자유로 인도하는데 이것은 성령의 능력 안에 기초하고 있다는 것이다. 몰트만은 교회 안에는 구원의 방편들이 있는데 세례와 말씀 선포, 주의 만찬 그리고 예배와 기도, 축복의 행위들 더 나아가 개인과 공동체의 생활 양식이라고 말한다. 이런 행위들이 그리스도와 친교를 맺는 방편인데 이런 방편들이 하나님 나라의 모습을 드러내는 것으로 이것을 매개해 주는 것이 성령의 역할이다.[144]

3. 우주적 차원의 교회

몰트만은 또 다른 한 차원의 교회론을 펼친다. 그것은 우주적 차원이다. 그는 교회가 교회의 울타리에서 벗어나 역사 안에서 그리고 우주적 교회가 되어야 한다고 주장한다. 몰트만은 자신의 교회론을 우주까지 확장했다.

몰트만은 교회는 다른 것들과의 관계에서만 교회를 바르게 이해할 수 있다고 말하면서 그 관계에 대해 세 가지를 언급한다.

첫째, 각 사람이 직접적으로 만나는 관계다.
즉, 자신이 몸 담고 있는 교회의 경험들이다. 이것은 교회에서 고백하는 신앙 고백 사이의 관계다.

---

144 위의 책, 291-293.

둘째, 그리스도의 역사와의 관계다.

그는 그리스도의 역사로부터 교회가 나온다고 말한다. 이 역사 안에서 교회가 살고 있으며 교회가 항상 그리스도의 이름을 부를 때 역사의 완성을 희망한다.

셋째, 세계사적 상황과의 관계다.

몰트만은 이 세계사적 관계를 세계에 대한 삼위일체 하나님의 역사에서 보아야 함을 말한다.[145]

본 장에서 관심을 가지는 부분은 마지막 관계인 세계사적 관계다. 몰트만은 세계사적 관계에서 교회는 역사의 완성을 향해 나아간다고 말한다. 이것은 교회가 우주적 지평에서 비로소 특수한 실존의 의미를 갖는 것으로 이해할 수 있다.

김동건은 교회의 피조 세계에 대한 책임을 강조한다. 하나님은 인간만을 기뻐하시는 것이 아니라 인간을 포함한 전체 피조 세계를 좋아하신다고 말하면서 교회는 자연과 다른 피조물에 대한 책임을 가져야 한다고 말한다. 왜냐하면, 20세기 중반 이후 이미 지구적 차원을 넘어 우주적으로 들어갔다고 보았기 때문이다.[146]

---

145 위의 책, 30.
146 김동건, 『신학이 있는 묵상 4』 (서울: 대한기독교서회, 2011), 70-71.

1) 우주적 교회론의 근거

몰트만은 교회가 우주까지 포함한다고 생각한다.

교회는 세계에 대한 삼위일체 하나님의 역사에 대한 관계다.[147] 이때 삼위일체 하나님은 어느 특정한 곳에만 즉 역사 속에 있는 교회로만 관계하시는 것이 아니라 이 우주까지도 포함하신다. 몰트만은 역사 속에 있는 교회는 신앙과 경험 그리고 희망과 현실 속에 있는 현재의 긴장 안에서는 충분히 이해될 수 없다고 보았다. 오히려 그는 이런 긴장들은 그리스도의 역사와 세계를 더 넓은 범위와 관련해서 숙고하지 않으면 안 된다고 말한다.[148] 그것들은 그리스도의 역사에서 오고 또 그리스도의 역사 안으로 인도하기 때문이라는 것이다.

또한, 몰트만은 예수를 진정한 메시아로 성경이 증언하는 것에 주목한다. 그는 특별히 메시아라는 용어에 관심을 가지는데 이때 예수가 메시아였다는 것은 예수가 유대 왕국을 회복시키고, 유대의 왕이 되고자 했던 메시아였다는 뜻이 아니다.

메시아라는 말은 그 단어가 갖고 있는 의미 그대로 구원자라는 뜻인데 이때의 구원은 인간의 영혼만을 위한 구원이 아니고 전체 인간을 구원하는 것이었고, 또한 세상과 우주 속에 존재하는 악의 영과 악의 힘을 추방하고 하나님의 생명과 영광 그리고 영원한 삶의 세계를 만들어 가는 구원을 의미하는 것이다.[149]

---

147 위의 책, 39.
148 위르겐 몰트만, 박봉랑 외 4인 역, 『성령의 능력 안에 있는 교회: 메시아적 교회론』, 51.
149 김명용, "몰트만 신학의 공헌과 논쟁점" 「장신논단」 20권 (2003), 120.

몰트만은 메시아라는 용어 속에 우주의 구원까지 포함되었다고 본 것이다. 메시아라는 용어는 그리스도론과 관련이 있다. 그리스도가 단순히 인간만이 아니라 세상과 우주를 구원하는 삶을 사신다면, 교회는 그리스도를 따르는 곳으로서 당연히 우주까지 포함한 교회론을 펼쳐야 한다. 따라서 몰트만은 세계에 관해 그리스도의 자유를 보여주어야 한다고 말한다.[150]

하나님은 가시적 교회에 머무는 것이 아니라 세계 안에 계신다. 교회의 사명은 이 세계를 위해 봉사하는 것이다. 따라서 하나님이 계시는 세계를 위해 봉사하는 교회가 바로 우주적 교회다.

몰트만은 교회가 그리스도의 자유를 개인 안에 또는 교회 안에 머물게 하거나 역사 안에만 머무는 것을 비판하고 그리스도의 자유를 교회 내에서 세계까지 확장한다. 이런 주장을 통해 볼 때 몰트만은 단순히 교회를 종교적 영역의 교회 또는 역사 안에 있는 교회로 보는 것이 아니라 우주와의 관계에서 보려고 했음을 알 수 있다.

2) 우주적 교회론의 확장 이유

몰트만은 교회가 우주적 영역에서 이해하지 않으면 안 되는 이유를 세 가지 정도로 밝힌다.

---

150 위르겐 몰트만, 김균진 역, 『십자가에 달리신 하나님: 기독교 신학의 근거와 비판으로서의 예수의 십자가』, 11.

첫째, 몰트만은 개별적 사고는 고립된, 분열시키는 그리고 참으로 무모한 자기 만족적 사고라고 규정한다.

이에 따라 개별적 교회에 대한 이해를 반드시 세계에 관계하는 하나님의 우주적 역사 영역 속에서 이해해야 한다고 말한다.[151] 그는 세계에 관계하는 하나님의 우주적 역사의 영역 속에 있는 개별적 교회에 관한 이해가 없는 교회론은 추상적이고 이런 교회의 자기 이해는 명목적이 된다고 주장한다.[152]

종말론적 성격을 잃어버리는 순간 교회는 사회의 일부가 되어 버리는 것이다. 또한, 과거 역사에 나타났던 수많은 교회처럼 하나의 시민 종교로 전락해 버릴 위험이 있다. 그렇게 되면 교회는 개인과 가족을 돌보는 사회 속의 여러 기구 중 하나가 되고 만다.[153] 결국, 종말론적 실체로서의 교회의 모습은 사라지게 된다.

몰트만은 우주적 지평에서 교회는 개별주의적으로 자기 자신을 주장하거나 자기 자신을 폐기하지 않고 교회의 특수한 실존의 의미를 바르게 이해할 수 있다는 입장이다.[154] 왜냐하면, 아버지가 아들의 죽음에 의해 세계와 화해하셨기 때문이다. 그리고 화해함으로 만들어진 새로운 생이 세상에 대한 화해에 기여하게 되기 때문이다.[155] 교회는 예수 그리스도의 길을 따르는 곳으로 아버지가 우주적 지평에서 움직이시기에 교회가 우주적이 되지 않으면 안 된다.

---

151 위르겐 몰트만, 박봉랑 외 4인 역, 『성령의 능력 안에 있는 교회: 메시아적 교회론』, 84.
152 위의 책.
153 김동건, "몰트만 교회론의 특징들", 187.
154 위르겐 몰트만, 박봉랑 외 4인 역, 『성령의 능력 안에 있는 교회: 메시아적 교회론』, 39.
155 위의 책, 147.

둘째, 하나님은 우주 안에 계시기 때문이다.

따라서 교회도 우주적 교회가 되어야 한다고 생각한다. 몰트만은 창조와 함께 주어질 기초들의 철저한 변화에 관한 이유는 새로운 하나님과의 관계에 있다고 주장한다. 하나님은 그가 지으신 창조에 대해 대칭해 계실 뿐 아니라, 그의 창조 안으로 들어가시되 그 속에서 폐기되지 않으신다. 처음부터 하나님이 그의 지혜와 영을 통해 그가 지으신 창조 안에 현존하셨다면 하나님의 현존은 이미 우주적 내주로 보아야 한다.

또한, 영원한 로고스가 예수 그리스도 안에서 "육"이 되었으며, 영원한 하나님이 신자들 안에 내주하신다면 세계 안에 있는 그의 종말론적 현존은 그의 영광의 우주적 내주로 이해될 수 있다. 이리하여 몰트만은 우주적 쉐키나, 우주적 성육신 그리고 우주적 영화와 세계의 변용에 관해 말할 수 있다고 말한다.[156]

셋째, 그리스도의 고난의 측면에서 우주적 교회론의 이유를 말한다.

몰트만은 땅 위에 죽어 가고 있는 모든 만물의 고난은 그리스도의 고난이라고 말한다, 그는 죽어 가고 있는 자연과의 관계에서 볼 때 그리스도의 고난은 의(義)가 만물 위에 거하는 새 땅이 새롭게 태어나는 고통이라 생각될 수 있다고 말한다.[157]

몰트만은 우주의 구원이라는 이런 차원은 성경 주석과 신학 분야에서 오랫동안 신화적이며 사변적인 것으로 간주되었다고 보았다. 하지만 오늘날 현대인의 문화가 초래한 생태계의 재난이 땅 위의 모

---

156 위르겐 몰트만, 김균진 역, 『과학과 지혜: 자연과학과 신학의 대화를 위하여』, 85.
157 위르겐 몰트만, 김균진 김명용 역, 『예수 그리스도의 길: 메시아 차원의 그리스도』, 281.

든 생명을 파멸하고자 위협하면 할수록 그리스도의 고난과 이 고난에서 생성하는 의의 차원들은 모든 창조에 대해 더욱 큰 타당성을 가지게 되고 실존적인 것이 된다.[158]

이런 생각으로 몰트만은 교회는 인간이나, 역사의 차원에 머물지 않고 창조의 대리자로서 이해해야 하며 창조의 대리자로서 가장 연약한 피조물의 고난에 대해 그 고통을 자신 안에서 자각하고 교회는 이런 아픔을 공적 저항을 통해 부르짖어야 한다고 주장한다.[159]

3) 하나님의 현존 장소인 우주와 교회의 관계

몰트만이 말하는 우주란 은하계 전체를 말하는 것이 아니라 자연 세계 즉 피조 세계를 말한다.

그는 하나님은 어디에 계신가?

하나님은 우리의 역사 어느 곳에 임하시는가라고 질문한다. 몰트만은 하나님의 현존 장소를 중요하게 생각한다. 왜냐하면, 그는 기독교 교회와 신학이 새로운 세계에 관한 희망을 간직한 채 새로운 세계에 관한 전망을 열어 주어야 한다는 생각 때문이다.

즉, 기독교회와 신학이 세상에 대한 공적 관계를 도외시한다면 기독교의 정체성을 잃어버릴 수 있다고 보았다.[160] 그는 자신은 하나님을 위한 신학자임을 강조하면서 희망의 하나님에 관한 것을 공적으

---

158 위의 책, 281.
159 위르겐 몰트만, 곽미숙 역, 『세계 속에 있는 하나님: 하나님 나라를 위한 공적인 신학의 정립을 지향하며』, 153-154.
160 위의 책, 8.

로 드러내야 한다고 주장한다.[161] 이런 의미에서 그는 하나님의 현존을 강조한다.

몰트만은 하나님의 영원한 나라가 시작되기 전에 오시는 하나님은 그의 쉐키나에 현존하신다고 본다.[162] 즉, 하나님의 영은 모든 피조물 '안에' 있다는 것이다. 이유는 하나님은 세계를 창조하신 분일 뿐만 아니라 우주의 영도 되시기 때문이다. 영의 힘들과 가능성을 통해 창조자는 피조물들 안에 거하시며 그들을 생기 있게 유지하시고 그의 나라의 미래로 인도하신다.[163]

기독교적 이해에 따르면, 창조는 삼위일체적 사건이다. 이때 모든 만물은 하나님에 의해 창조되었고 하나님을 통해 형성되었으며 하나님 안에서 존재한다.[164] 창조는 전적으로 하나님의 손에 의해 만들어진 하나의 작품으로 일컬어질 뿐만 아니라 간접적으로 중재되는 하나님의 현존이다.[165] 하나님은 세계 안에 있으며, 세계는 하나님 안에 있다. 하나님 나라 안에 있는 하늘과 땅은 하나님의 영광이 침투된다.[166]

그가 주장하는 삼위일체론적 창조론은 하나님과 세계를 대칭 관계로부터 출발하지 않았기에 대립적으로 정의하지 않는다. 이유는 하나님은 세상의 것이 아니며 세상은 하나님과 같은 것이 아니기 때문이다.[167] 하나님은 세계를 창조하시는 동시에 그것의 현존을 통해 자

---

161 위의 책, 19.
162 위의 책, 38.
163 위르겐 몰트만, 김균진 역, 『창조 안에 계신 하느님: 생태학적 창조론』, 33.
164 위르겐 몰트만, 곽미숙 역, 『세계 속에 있는 하나님: 하나님 나라를 위한 공적인 신학의 정립을 지향하며』, 150.
165 위의 책, 152.
166 위르겐 몰트만, 김균진 역, 『창조 안에 계신 하느님: 생태학적 창조론』, 38.
167 위의 책, 34.

기를 계시하신다. 즉, 몰트만은 하나님이 세계를 존재하게 하시는 동시에 세계 안의 현존을 통해 자기를 계시한다고 본다.

세계는 하나님의 창조적 힘 때문에 살며 하나님은 그 안에 역사한다.[168] 몰트만은 우리가 창조의 목적을 삼위일체론적으로 본다면 창조자는 창조의 영을 통해 창조 전체와 개개의 피조물 안에 거하시며 그의 영으로써 창조를 유지하고 존속하게 하신다고 말한다.[169]

몰트만은 이 우주 안에 있는 교회는 어떤 존재라고 말하는가?

이에 대해 그는 두 가지로 설명한다.

첫째, 교회는 "창조의 대리자"다.[170]

그리스도의 교회 안에 말씀과 하나님의 영이 현존하신다는 것은, 모든 만물의 새로운 창조 안에 말씀과 하나님의 영이 현존하신다는 전조요, 시작이라고 본다.[171] 여기서 몰트만은 교회는 모든 만물에 하나님이 현존하시는 전조라고 보았다. 믿는 자들이 교회 안에서 행하는 것은 대표적으로 전체 우주와 관련되어 있다.

즉, 교회는 그의 근거와 존재에서 우주적으로 방향이 설정되어 있다는 것이다. 이런 입장에서 보면 생태학적 위기는 곧 교회 자체의 위기이기도 하다.[172] 이런 측면에서 몰트만은 교회와 우주는 연결되어 있을 수밖에 없다고 판단한다.

---

168 위의 책.
169 위의 책, 11.
170 위르겐 몰트만, 곽미숙 역, 『세계 속에 있는 하나님: 하나님 나라를 위한 공적인 신학의 정립을 지향하며』, 153.
171 위의 책.
172 위의 책.

둘째, 교회는 "하나님의 백성"이라는 것과 "사람들에게 빚진 자"라고도 한다.

이런 것을 통해 교회는 자신이 한 모든 것을 통해서 "하나님의 법정"에서, "세계의 광장"에서 반성하게 되는 날이 온다고 몰트만은 말한다. 이런 주장을 통해서 그는 교회가 그리스도의 교회로서 비판적 자유에서 세상과 대결하고, 믿을 만한 새로운 삶의 계시를 보여줄 의무가 있다고 말한다. 즉, 교회는 피조물에서 그 사명을 가지고 있는 곳이라는 말이다.[173] 따라서 몰트만은 교회와 우주의 관계는 종말론적 공동체이면서 역사적 공동체로서 우주 안에 그리스도의 사명을 받은 공동체로서 그 역할을 강조한다.

몰트만은 교회를 단지 인간 세계 안에만 제한시키는 것은 현대 세계가 행한 위험한 협소화라고 본다.[174] 그는 교회를 역사적 차원뿐 아니라 우주적 차원에서 보아야 한다고 생각한다.

이유는 기독교의 종말론은 우주적 종말론으로 확대될 수밖에 없기 때문이다. 만일 그렇지 않을 경우 기독교의 구원론은 영지주의적 구원론으로 전락하게 될 것이라고 말한다. 그렇게 되면 기독교의 구원은 세계의 구원이 아니라 세계로부터의 구원을, 몸의 구원이 아니라 몸으로부터의 구원을 가르칠 수밖에 없다고 보았다.[175] 몰트만은 기독교 종말론이 우주적 종말론을 포함하는 것이라면 반드시 그리스도

---

173 위르겐 몰트만, 박봉랑 외 4인 역, 『성령의 능력 안에 있는 교회: 메시아적 교회론』, 15.
174 위르겐 몰트만, 곽미숙 역, 『세계 속에 있는 하나님: 하나님 나라를 위한 공적인 신학의 정립을 지향하며』, 153.
175 위르겐 몰트만, 김균진 역, 『오시는 하나님: 기독교적 종말론』, 443.

의 교회도 우주적으로 방향이 설정되어 있어야 한다고 말한다.[176]

기독교적 존재와 행동이 어디에서 정당화를 얻을 수 있는가라는 질문 앞에 몰트만은 교회가 그 자신에 의해서 정당화될 수 없다고 말한다. 교회는 끊임없이 메시아와 그의 미래에 의해서 정당화된다고 말한다.[177]

그는 성령의 권능 안에 있는 교회가 아직은 하나님 나라가 아니라고 분명히 말한다. 오히려 몰트만은 교회가 역사 내에서 하나님 나라의 선취라고 본다. 그는 기독교는 아직 새로운 피조물은 아니지만, 새롭게 창조하는 성령 활동의 장이라고 말한다. 이것은 교회가 새로운 피조물로서 존재하는 것이 아니라 성령 활동의 장으로서 성령의 역할에 봉사해야 한다는 것이다.[178]

몰트만은 교회가 성직 계급론에 빠지는 것을 경고한다. 이 위험에 빠지지 않으려면 교회의 신도들은 하나님의 메시아 백성의 일원이라는 사실에서부터 출발해야 한다고 말한다. 또한, 교회가 관리 계급의 일종으로 변하는 것을 우려한다. 관리 계급의 일종으로 빠지지 않으려면 교회는 은사적으로 살아 있는 공동체가 되어야 한다.[179]

김정두는 성령의 은사들은 새로운 삶의 힘 즉 성령의 능력들이라고 말하면서 동시에 개개인의 다양한 은사는 소명과 봉사를 통해 메시아적 공동체를 형성해야 한다고 주장한다.[180]

---

176 위르겐 몰트만, 곽미숙 역, 『세계 속에 있는 하나님: 하나님 나라를 위한 공적인 신학의 정립을 지향하며』, 153.
177 위르겐 몰트만, 박봉랑 외 4인 역, 『성령의 능력 안에 있는 교회: 메시아적 교회론』, 289.
178 위의 책.
179 위의 책, 414.
180 김정두, "몰트만의 삼위일체적-메시아적 교회론과 선교론", 91.

몰트만은 교회 전체가 그리스도를 향한 헌신으로 또 세계의 화해를 위한 헌신으로 나아가야 한다고 말한다. 그는 모든 공동체가 직면한 문제는 결국 제사장적 직무를 실현할 것인가라는 물음이기에 근본적으로 모든 기독교인은 그리스도의 제사장적 직무에 참여하며, 또 그들이 살아가는 생을 통해 그리스도의 대원(代願)과 헌신을 증언한다는 것이다.[181] 몰트만은 교회의 직무나 은사가 하나님의 종말론적 역사 안에서 이해될 때 많은 문제가 해결될 수 있다고 말한다.

하나님은 혼돈의 하나님이 아니라 평화의 하나님이다. 이때 평화란 혼돈으로부터 질서를 주는 것을 의미하는 것도 아니며 단순히 혼란을 제거하는 것도 아니다. 그것은 모든 사물의 새로운 종말론적 질서이며 새로운 창조의 종말론적 구원이다.[182] 이때 김정두는 영은 새로운 창조와 자유 그리고 평화의 능력으로서 교회를 채운다고 말한다.[183]

결국, 몰트만은 교회는 그리스도를 통해 열어 놓은 우주적 구원을 위해 움직일 것이라고 말한다. 그는 아버지가 아들의 죽음으로 세계와 화해하셨기 때문에 당연히 교회도 세상에 관한 화해에 기여해야 한다고 말한다.[184] 그는 그리스도가 음부에 내려가는 것에 대한 교리는 그의 희생이 모든 지옥에까지 도달하고, 지옥문을 열었다는 것을 밝혀 주고자 하는 것이라고 말한다.[185]

---

181 위르겐 몰트만, 박봉랑 외 4인 역, 『성령의 능력 안에 있는 교회: 메시아적 교회론』, 148.
182 위의 책, 416.
183 김정두, "몰트만의 삼위일체적-메시아적 교회론과 선교론", 91.
184 위르겐 몰트만, 박봉랑 외 4인 역, 『성령의 능력 안에 있는 교회: 메시아적 교회론』, 147.
185 위의 책, 146.

몰트만은 그리스도가 지옥을 당하셨다는 것이 만유의 화해를 위한 신적 근거가 된다고 말한다.[186] 이것은 우주적 구원을 말하는 것이다. 그는 그리스도가 우주적 그리스도이시기에 교회도 우주적 구원을 향해 봉사해야 한다고 주장한다.

역사 속에 있는 교회가 어떻게 우주적 구원을 향해 봉사할 수 있는가?

몰트만은 예수의 부활에 주목한다. 예수의 부활은 죽은 자들로부터의 부활이다. 부활절은 예수에게만 국한된 개인적 기적이 아니고 만물이 공적으로 새 창조가 시작되었다는 감추인 시작으로 본다.

그는 지상의 예수가 "하나님 나라가 가까이 왔다"라고 선포하셨다면, 이 부활절 후 교회는 이에 따라 자기의 시간을 장차 올 하나님의 현재로서 이해해야 한다고 말하면서 교회는 이런 측면에서 이미 하나님 나라에 의해 그들의 삶의 방향이 설정된다고 말한다.[187]

---

186 위르겐 몰트만, 김균진 역, 『오시는 하나님: 기독교적 종말론』, 433.
187 위르겐 몰트만, 박봉랑 외 4인 역, 『성령의 능력 안에 있는 교회: 메시아적 교회론』, 150-151.

제3장

몰트만의 그리스도론과 교회론의 일치성과 괴리

몰트만은 기독교의 다양한 주제를 다루었다. 그의 핵심 사상이라고 할 수 있는 종말론을 비롯해 교회론, 그리스도론, 삼위일체론, 성령론뿐만 아니라 과학과 정치 분야까지 다룬 학자다. 또한, 그는 실천적 신학자다. 신학이 교회에 머물러 있는 것에서 벗어나 세계 안에서 응답되기를 바란 학자다. 다양한 관심을 가지고 자신의 신학을 펼치지만, 그의 모든 신학적 주제와 연결시켜 주는 것은 모두 '그리스도론'에 있다. 몰트만의 신학은 그리스도 중심 신학이다. 즉, 그리스도론이 그의 종말론의 핵심이며, 교회론의 핵심이다.

이 책에서 드러내고자 하는 것은 그의 신학의 중심인 그리스도론이 역사의 범주를 넘어서 우주까지 확장된 것이다. 따라서 그의 그리스도론을 "우주적 그리스도론"이라고 부른다. 이것은 시대의 바른 응답이라고 보여진다. 하지만 교회는 그 시대에 언제나 책임 있는 응답을 해야 한다. 여기서 하나의 문제가 발생한다. 몰트만의 교회론도 그의 그리스도론과 같이 우주적 교회론을 펼칠 수 있는지가 관건이다.

몰트만이 그리스도론을 우주까지 확장시켰다면 당연히 그의 신학에서 특히 교회론도 우주까지 확장시켜야 한다. 따라서 몰트만의 그리스도론과 교회론의 상관관계 연구가 반드시 필요하다. 그리스도론과 교회론에서 일치하는 부분과 일치하지 않는 부분에 관해 밝혀야 한다. 이 장에서 그 문제를 다루고자 한다.

1. 그리스도론과 교회론의 일치성

몰트만은 교회가 예수 그리스도의 교회라면, 교회를 교회의 진리로 이끄는 이는 그리스도라고 주장한다. 그는 참된 교회는 그리스도가 현재 계신 곳이라고 말한다.[1] 기독교적 존재 이유와 행동들은 그 자신에 의해서 정당화될 수는 없고 끊임없이 메시아와 그의 미래에 의해서 정당화된다.[2] 또한, 교회는 그리스도의 나라에 의해 살아간다. 교회는 도래할 그분으로부터 산다. 교회 안에 있는 모든 통치는 그리스도의 통치에 상응할 때 정당화된다.[3]

그렇다면 몰트만이 주장하는 그리스도론과 교회론은 내용적으로 일치해야 한다. 그는 그리스도가 계신 곳이 교회라고 주장했는데 만일 내용적으로 일치하지 않는다면 교회는 그리스도의 교회라고 할 수 없다.

---

1 위의 책, 182.
2 위의 책, 289.
3 위의 책, 418.

몰트만은 그리스도론을 우주적 그리스도론까지 확장했다. 그렇다면 교회도 우주적 그리스도론을 담을 수 있어야 한다. 엄밀히 말해 교회도 우주적 교회가 되어야 한다는 것이다. 하지만 교회는 우주적 교회가 될 수 없다. 우주적 교회가 우주적 그리스도론을 바탕으로 하지 않는다면 그 교회는 참다운 교회라 할 수 없게 된다.

몰트만의 그리스도론과 교회론은 크게는 두 차원으로, 좁게는 세 차원으로 나눈다. 두 차원으로 나눌 때는 역사적 차원의 그리스도론과 교회론이고, 또 다른 한 차원은 우주적 차원의 그리스도론과 교회론이다. 이처럼 역사적 차원과 우주적 차원에서 그리스도론과 교회론을 연결시킴으로 일치한다.

1) 역사적 차원에서 그리스도론과 교회론의 일치성

(1) 인간의 구원을 향한 일치성

몰트만이 역사적 차원의 그리스도론에서 강조하는 것은 인간의 구원이다. 마찬가지로 역사적 차원의 교회론도 인간의 구원을 강조한다. 그는 하늘에 대한 영원한 그리스도론이 아니라 오히려 역사의 갈등 속에서 방향을 찾고 있는 인간을 위한 그리스도론을 펼치려고 했다.[4] 이런 관점에서 몰트만은 그리스도의 현존 장소에 관심을 가졌다. 그는 그리스도의 현존 장소는 그가 현존하겠다고 약속하신 장소라고 말하면서 사도직이며, 가난한 자들 가운데라고 말한다.[5] 가난한

---

4   위르겐 몰트만, 김균진·김명용 역, 『예수 그리스도의 길: 메시아 차원의 그리스도』, 9.
5   위르겐 몰트만, 박봉랑 외 4인 역, 『성령의 능력 안에 있는 교회: 메시아적 교회

자들을 위한 그리스도는 이 측면에서 보면 그리스도는 인간을 위한 그리스도임을 말한 것이다.

더 나아가 몰트만은 그리스도가 십자가에서 자신을 내어 준 것의 의미는 화해를 이룸으로 죄인된 인간이 죄의 짐을 벗고 해방을 받는 것이라고 말한다. 또한, 그의 대속적 행위로 죄인이 죄의 권세로부터 해방을 받는 것이다. 그의 부활의 의미는 '의'(義) 안에서의 우리의 새로운 삶이다.[6] 그리스도의 십자가 죽음, 부활은 죄인들을 의롭게 하는 사건이기 때문이다.[7]

또한, 인간은 하나님의 형상으로 회복될 뿐 아니라, "영광스럽게" 된다(롬 2:23; 8:30). 다시 말하면, 하나님의 삶과 영광에 참여하게 된다.[8] 결국, 그는 역사 안에서 그리스도론을 펼칠 때도 인간과 동떨어진 그리스도론이 아니라 역사의 낯선 곳에 실존하며 삶을 찾는 사람들을 위해 순례하는 자들의 그리스도론을 펼쳤다는 것을 알 수 있다.[9]

그는 예수 부활의 빛에서 보면 하나님이 그리스도를 죽음에 이르게 하심으로 오히려 버림받은 자에게 아버지가 되고 또한 하나님 없는 자에게 하나님이 되고 희망 없는 자의 도피처가 되게 하셨다고 말한다.[10]

론』, 183-184.
6   위의 책, 55.
7   위의 책, 57.
8   위르겐 몰트만, 김균진 역, 『과학과 지혜: 자연과학과 신학의 대화를 위하여』, 75.
9   위르겐 몰트만, 김균진·김명용 역, 『예수 그리스도의 길: 메시아 차원의 그리스도』, 9.
10 위르겐 몰트만, 박봉랑 외 4인 역, 『성령의 능력 안에 있는 교회: 메시아적 교회론』, 145.

몰트만은 그리스도 안에서 친교를 강조한다. 이때 성령 안에서 그리스도와의 친교는 고난의 친교이며 죽음의 친교다. 그러나 이 친교는 새로운 변화를 통해 그의 부활의 삶에 참여하는 것이라고 몰트만은 말한다. 그는 그리스도의 사명은 하나님과 인간 그리고 피조물이 하나 되는 것에서 그 목적이 성취된다고 말한다. 하나님과 모든 피조물과 하나 될 때 하나님은 인간을 통해 영광을 받는다. 그리고 여기서 인간은 하나님의 영광에 참여한다. 따라서 그리스도는 영광의 희망이라고 불린다(골 1:27). 그리고 그리스도가 그의 변화된 몸과 같이 되게 하기 위해서(빌 3:21) 우리 몸을 영화롭게 하실 것을 기대한다.[11]

몰트만은 인간을 영화롭게 하는 능력은 성령이라고 말한다. 따라서 성령은 우리 영광의 시작이요, 보증이라 불린다(롬 8:23; 고후 5:5). 몰트만은 성령은 신자들 안에서 그리스도를 영화롭게 하시고 그들을 그리스도와 연합시키신다고 말한다. 성령 안에서 신자들은 그리스도와의 연합을 통해서 오고 있는 영광이 이미 현재의 삶 속으로 적용된다.[12]

즉, 성령의 역사도 인간이 그리스도의 영광 안에 참여하는 것을 말하기에 인간의 구원에 관해 말하는 것이다. 물론 몰트만의 구원론은 인간 영혼의 구원만이 아니라 이 땅 위에 존재하는 모든 생명체의 해방 그리고 최종적 구원을 말한다.[13]

이처럼 몰트만의 교회론도 인간 구원을 강조한다. 몰트만은 먼저 교회는 그리스도에 관한 파견과 기다림을 결합시켜야 한다고 말한다. 만일 교회가 서로 결합시키지 않는다면 교회는 그리스도의 현재

---

11 위의 책, 94.
12 위의 책, 94.
13 김정두, "몰트만의 삼위일체적-메시아적 교회론과 선교론", 95-96.

와 진리 안에 존재할 수 있겠는가라며 반문한다.[14] 이런 생각으로 그는 교회의 사명에 관해 말할 때 교회가 진정한 교회라면 하나님의 영광을 그의 얼굴 빛에 반사해야 한다고 말한다.

또한, 자유의 길을 찾고 있는 인간들을 위해서 그리스도의 빛을 교회의 얼굴에 반사해야 한다.[15] 교회는 인간을 위해 존재하는 것이라고 말한다. 이때 자유의 길을 찾는 인간에 관해 몰트만은 병든 자, 갇힌 자, 의를 갈구하는 모든 자를 포함한다.[16] 이들을 여기에서 해방시키는 것이 교회의 임무라는 것이다. 그는 만일 교회가 십자가에 달리시고 부활하신 그리스도를 내세운다면 그때 교회는 그리스도의 형제성을 자신 안에 표현해야 한다고 말한다.[17]

교회에 대해 정의할 때도 몰트만은 본질적으로 은총으로 말미암아 의롭게 된 사람들의 공동체라고 말한다. 즉, 믿음으로 의롭게 된 사람들이라는 의미다.[18] 하나님의 보내심을 받은 교회의 목표는 "모든 만물의 새로운 창조"이기에 피조물의 구원을 위해 참여해야 한다.[19] 교회로 부름받은 자는 그리스도의 위탁을 받은 자가 되는데 이들은 그리스도에 관한 책임이 있다고 한다. 또한, 교회 공동체 안에 있는 사람들은 그리스도의 이름 안에서 그가 섬겨야 할 그 나라와 모든 자를 향해 책임이 있다고 말한다.[20]

---

14 위르겐 몰트만, 박봉랑 외 4인 역, 『성령의 능력 안에 있는 교회: 메시아적 교회론』, 189.
15 위의 책, 40.
16 위의 책, 119.
17 위의 책, 191.
18 위의 책, 63.
19 김정두, "몰트만의 삼위일체적-메시아적 교회론과 선교론", 96.
20 위르겐 몰트만, 박봉랑 외 4인 역, 『성령의 능력 안에 있는 교회: 메시아적 교회

지상의 예수는 메시아 사명으로 가난한 자를 행복하게 하셨고 병자들이 고침 받고 갇힌 자가 해방을 경험하게 하셨다.[21] 따라서 그를 따르는 교회는 예수의 메시아 사명인 인간과 피조물의 해방을 위해 봉사해야 한다. 이처럼 인간의 구원에 있어 역사적 차원에서는 그리스도론과 교회는 일치한다.

(2) 메시아 사명 실천에서의 일치성

몰트만은 그의 그리스도론과 교회론의 책 제목에 "메시아적"이라는 부제를 붙였다. 그리스도론은 메시아적 차원의 그리스도론이고 교회론은 메시아적 교회론이다. 이는 자신의 신학 전체를 메시아적 신학이라고 부르기를 원했기 때문이다. 몰트만은 스스로 자신의 신학 전체를 메시아적 신학이라고 말하고 있다.[22]

몰트만은 '그리스도론'은 '메시아론'에 불과하다고 말하면서 메시아는 유대교적일 뿐 아니라 기독교에도 희망이라고 말한다. 그는 기독교의 어떤 그리스도론도 메시아 희망을 포기해서는 안 된다고 하면서 메시아 희망이 없을 때 기독교는 이교화될 것이라고 말한다.[23]

본래 '그리스도'는 이스라엘의 메시아이시고 이스라엘의 메시아는 야훼의 기름 부음을 받은 분이시지만 기독교의 메시아론은 단 한 번밖에 없는 예수의 특별한 하나님의 역사를 통해 형성된 것이라고

론』, 433.
21　위의 책, 132.
22　위르겐 몰트만, 김균진·김명용 역, 『예수 그리스도의 길: 메시아 차원의 그리스도』, 9.
23　김명용, "몰트만 신학의 공헌과 논쟁점", 120.

몰트만은 말한다.[24]

김명용은 예수가 진정한 메시아였다고 말한다. 이어서 예수가 메시아였다는 것은 예수가 유대 왕국을 회복시키고 유대의 왕이 되고자 했던 메시아라는 뜻이 아님을 분명히 말한다. 김명용에 따르면 몰트만이 말한 메시아라는 말은 이 세상의 구원자라는 뜻이다.[25]

몰트만은 예수는 자신의 메시아 사명의 빛에서 모든 일과 역사를 서술했다고 말한다. 그는 공관복음서에서도 예수의 선포 관점에서 메시아 사명을 보고 있음에 주목한다. 예수의 선포는 가난한 자들에게 복음을 전했고 사람들을 회개로 불렀기에 그의 선포는 복음 전파였다는 것이다. 또한, 그분 자신이 종말 시 복음을 전하는 자였다.[26]

예수는 복음 전파와 부활을 통해 하나님 나라를 역사 속으로 끌고 오셨다. 그 나라는 현재를 결정하는 권능이 바로 종말론적 미래에 의해서 된다는 것이 몰트만의 견해다. 이런 미래는 이미 시작되었다. 종말론적인 것이 예수의 선포와 부활의 방식으로 역사적이 되었다. 따라서 역사적인 것도 역시 종말론적인 것이 된다. 그는 기독교적 종말은 현실적으로 나타나게 되고 그때 현실은 희망적이 된다고 말한다.[27]

몰트만은 예수를 안다는 것은 단순히 그리스도의 교리를 배우는 것이 아니라고 말한다. 오히려 그는 예수의 뒤를 따르는 실천 속에서

---

24 위르겐 몰트만, 김균진·김명용 역, 『예수 그리스도의 길: 메시아 차원의 그리스도』, 15-17.
25 위의 책.
26 위르겐 몰트만, 박봉랑 외 4인 역, 『성령의 능력 안에 있는 교회: 메시아적 교회론』, 119.
27 위의 책, 284.

예수를 알게 되는 것이라고 말한다.[28] 몰트만은 역사 안에서의 실천을 강조한다. 그는 그리스도론은 기독교 신앙을 전제하는 동시에 더 넓은 의미에서 그리스도의 실천을 전제한다고 말하면서 그리스도론은 그리스도의 실천에서 생성된다고 주장한다.[29]

몰트만의 신학적 그리스도론은 그리스도와 실천이 관련되어 있다. 그리고 실천 속에서 일어나는 경험들을 받아들이고 사람들은 앞으로 일어나는 새로운 경험들을 향해 개방시킨다고 말한다. 즉, 그리스도론은 기독교적 삶으로부터 오며 기독교적 삶으로 인도한다는 것이다.[30] 그런 것을 입증하는 명제가 "그리스도가 계신 곳, 거기에 교회가 있다"이다.[31] 이것은 몰트만 교회론의 가장 중요한 명제다. 즉, 그리스도가 없이는 참된 교회가 아니라는 뜻이다.

그렇다면 몰트만은 어디에 그리스도가 계신가라는 질문에 답해야 한다. 여기에 관해 몰트만은 참된 교회는 메시아 사명의 빛에 거하는 교회라고 말한다. 몰트만은 기독교는 자신의 실존과 역사 내에서의 과제를 메시아적으로 이해한다.[32] 김정두에 따르면 몰트만에게 있어 교회는 메시아적 공동체다.[33]

그렇다면 어떻게 메시아 사명의 빛에 교회가 설 수 있는가?

---

28 위르겐 몰트만, 김균진 김명용 역, 『예수 그리스도의 길: 메시아 차원의 그리스도』, 74.
29 위의 책, 71.
30 위의 책, 74.
31 위르겐 몰트만, 박봉랑 외 4인 역, 『성령의 능력 안에 있는 교회: 메시아적 교회론』, 4.
32 위의 책, 288.
33 김정두, "몰트만의 삼위일체적-메시아적 교회론과 선교론", 85.

그는 예수의 메시아 사명은 그의 죽음에서 완성되었다고 본다. 그리고 예수의 부활을 통해 완전한 효력을 얻는다고 주장한다. 예수의 죽음과 부활은 교회가 감당해야 할 사명이고, 예수의 역사와 함께 복음은 세계를 위한 교회의 복음이 된다.[34]

몰트만에 따르면 참된 교회는 그리스도의 십자가와 부활에 참여해야 한다. 즉, 참된 교회는 십자가 아래 있는 교회라는 것이 그의 생각이다.[35] 그는 그리스도의 공동체로서의 교회가 십자가에서 생긴 교회로 인식해야 한다고 말한다. 이때 참된 교회는 십자가 아래에 선 교회가 되어야 하며 십자가의 그늘 밑에 사는 사람들과 연대 관계에 존재하는 교회로서 이해하게 된다.[36]

몰트만은 교회가 십자가 아래 선 교회로 메시아 사명을 감당해야 함을 강조한다. 그는 그리스도에 대한 신앙 안에서 그리고 그 나라에 대한 희망 안에서 교회는 자신을 메시아적 친교(messianische Gemeinschaft)로서 이해해야 한다고 주장한다.

이때 교회는 성령의 현재 과정 안에서 자신의 현재와 자신의 길을 논리적으로 이해하게 될 것이다.[37] 김정두는 몰트만이 주장하는 메시아적 공동체는 하나님의 해방과 자유의 역사에 참여하는 공동체라고 말한다.[38] 여기서 몰트만이 말하는 '해방과 자유'는 '인격적, 사회적, 생태학적 차원'을 포괄한다.[39]

---

34 위르겐 몰트만, 박봉랑 외 4인 역, 『성령의 능력 안에 있는 교회: 메시아적 교회론』, 129.
35 위의 책, 103.
36 위의 책, 132-133.
37 위의 책, 292.
38 김정두, "몰트만의 삼위일체적-메시아적 교회론과 선교론", 87.
39 위의 논문, 87.

몰트만은 '메시아적 교회'로서 하나님의 백성이 그리스도와 분리되어 사제적 계급 혹은 목사 계급의 우월성을 주장하는 것을 인정할 수 없다고 말한다. 만일 잘못된 우월성을 인정하게 된다면 그리스도가 가져다 주신 자유를 포기하는 것이기 때문이다. 그러나 그리스도의 교회로서 백성들은 또한 어떤 백성의 우월권도 그들 자신에게 지울 수 없다. 만일 그런 경우에는 그들을 해방시킨 그리스도의 우월성은 포기될 것이기 때문이다.[40] 몰트만은 메시아적 교회로서 자유를 가지면서 동시에 해방시키는 자임을 강조한 것이다.

교회는 그리스도의 활동 안에서 참된 존재의 의미를 갖는다. 따라서 교회는 그 자체의 어떤 독자적 존재론은 배제된다. 그는 오직 그리스도의 활동 역사를 기술하는 것만이 허용된다고 말한다.[41] 그렇다면 교회는 그리스도가 역사 안에서 하신 실천을 감당해야 한다. 따라서 교회는 신앙과 경험 사이 그리고 희망과 현실 사이에 있는 현재의 긴장 관계에서 새롭게 창조하는 영의 역사로 이해되지 않으면 안 될 것이다.

교회는 사람들이 그리스도의 역사를 경험하는 구체적 경험을 하게 하는 형태이고 하나님 나라의 길이고 통로다. 따라서 교회는 하나님 나라의 종말론적 선취다. 이때 교회는 영의 경험과 실천에 의해 살아간다고 몰트만은 말한다. 이런 이유에서 그리스도의 교회는 성령의 교회다. 믿는 자의 공동체로서 교회는 세계 안에 있는 창조적 희망이

---

40 위르겐 몰트만, 박봉랑 외 4인 역, 『성령의 능력 안에 있는 교회: 메시아적 교회론』, 432.
41 위의 책, 108.

라고 말한다.[42] 이것은 메시아적 교회의 실천을 강조한 것이다.

몰트만은 교회가 세상과 대결하고 믿을 만한 새로운 삶의 계시를 보여 줄 의무가 있다고 말한다.[43] 왜냐하면, 생명의 공동체로 부름받는 교회는 민중의 고난과의 연대성을 통해, 또 영 안에서의 그리스도의 대리 행위에의 참여를 통해 세계와 화해하는 일에 봉사하기 때문이다. 교회는 그리스도의 헌신 때문에 살아가고 또 세계의 화해를 위해 헌신하며 살아가야 한다.[44] 몰트만은 교회가 종교적이든, 역사적이든, 우주적이든 그리스도의 실천 속에서 일치성을 보인다고 말한다.

2) 우주적 차원에서 만유를 포괄하는 종말론적 방향성에서의 일치성

몰트만은 인간 구원을 강조한다. 이것은 역사적 차원에서 다루어진다. 그가 놓치지 않는 것 중 하나가 바로 이 우주 즉 피조물이다. 이 사고는 중반 이후 후기로 가면서 인간의 구원에 관한 강조보다는 우주 즉 피조물 전체의 구원을 강조한다. 그는 그리스도는 인간의 화해뿐만 아니라 다른 피조물들의 화해를 위해 죽으셨다고 말한다.[45]

몰트만은 그리스도가 고난과 죽음 속에서 세계의 화해를 이루셨고 하나님으로부터 버림받은 상태에서 지옥에 내려가셨고 우리를 위해

---

42 위의 책, 132.
43 위의 책, 15.
44 위의 책, 148.
45 위르겐 몰트만, 김균진 김명용 역, 『예수 그리스도의 길: 메시아 차원의 그리스도』, 360-361.

모든 저주를 경험했다고 말한다. 몰트만에 따르면 그리스도는 피조물의 구원을 위한 삶의 방향이다.[46]

몰트만의 그리스도론의 핵심 중 하나가 예수의 십자가와 부활의 관계성이다. 그는 기독교 신앙은 그리스도의 부활과 함께 살아가거나 아니면 죽는다고 한다. 하나님에 대한 신앙과 그리스도에 대한 고백은 부활에서 일치한다.[47] 몰트만은 예수의 십자가를 그의 부활의 빛 아래에서 보았다. 그는 십자가에 이르는 그의 길을 십자가를 지심으로 일어난 구원의 빛 아래에서 보았다.

또한, 그는 예수의 말씀과 기적들을 부활의 주로 고양된 그 빛 아래에서 보았다. 더 나아가 몰트만은 자랑스럽지 못한 탄생마저 그의 십자가 빛 아래에서 조명했다.[48] 이것이 몰트만 종말론의 핵심이기도 하다.

몰트만에 따르면 기독교 종말론은 그리스도의 미래로부터 그의 과거로 돌아오는 일이다. 역사적 시간 이해는 예수는 먼저 죽으셨고 그 다음 부활하셨다는 것이다. 하지만 종말론적 시간 이해는 부활에서 죽음을 본 것이다. 즉, 마지막의 것은 처음 것이 된다. 부활된 분으로서 예수는 죽으셨고 오시는 분으로서 육신을 입으셨다. 사실적 역사의 의미에 있어서 그리스도는 죽은 자들로부터 부활하셨다. 이 근거로 그리스도는 오고 계신 하나님의 선취라고 명명될 수 있다.[49]

---

46 위르겐 몰트만, 김균진 역, 『오시는 하나님: 기독교적 종말론』, 433.
47 위르겐 몰트만, 김균진 김명용 역, 『예수 그리스도의 길: 메시아 차원의 그리스도』, 305.
48 위르겐 몰트만, 김균진 역, 『십자가에 달리신 하나님: 기독교 신학의 근거와 비판으로서의 예수의 십자가』, 226-227.
49 위의 책, 259.

이때 이 부활은 단순히 인간의 구원만을 말하는 것이 아니라 피조 세계를 포함한 부활이다. 따라서 예수를 따르는 교회도 피조물의 구원을 위해 봉사해야 한다.

김명용은 메시아라는 말에 주목해 몰트만이 말한 메시아를 구원자로 해석한다. 김명용은 메시아의 구원이 인간 영혼만을 위한 구원이 아니라 인간 전체의 구원이고 세상과 우주의 구원이라고 말한다. 김명용은 세상 속에 존재하는 악의 영과 힘을 추방하고 하나님의 생명과 영광 그리고 영원한 삶의 세계를 만들어 가는 것이 구원의 의미라고 말한다.[50] 이는 그리스도가 종말론적 방향성을 가지고 존재하셨음을 알 수 있다.

몰트만은 교회가 자신을 위해서가 아니라 오히려 하나님 나라를 위해 존재해야 한다고 말한다. 교회가 세계 어느 지역에나 존재하듯이, 교회는 세계 역사 속에서 하나님 나라에 관심을 가져야 한다.[51] 몰트만은 교회가 하나님 나라를 위해서 존재한다고 한다면, 결국 인간에게만, 역사 안에서만 존재하는 교회가 아니라 하나님 나라를 향해서 봉사해야 하기에 우주까지 포함되어야 한다고 주장한 것이다.

몰트만은 교회가 종말론적 성격을 잃어버리는 순간 사회의 일부가 되어 버린다고 보았다. 교회는 과거처럼 하나의 시민 종교로 전락해 버릴 위험이 있다고 본 것이다. 결국, 교회는 자신이 속한 사회에서 개인과 가족을 돌보며 존재하는 여러 기구 중 하나가 될 뿐이라고

---

50 위르겐 몰트만, 김균진, 김명용 역, 『예수 그리스도의 길』, 15-17.
51 위르겐 몰트만, 곽미숙 역, 『세계 속에 있는 하나님: 하나님 나라를 위한 공적인 신학의 정립을 지향하며』, 308.

말한다.[52] 그는 종말론은 그리스도교 교리의 한 부분일 수 없다고 말한다.

몰트만은 종말론이 모든 그리스도교적 실존과 모든 교회의 특징이라고 주장한다.[53] 이런 의미에서 몰트만은 교회는 하나님 나라라는 뚜렷한 방향을 가진 곳이라고 말한다. 현재의 교회는 존재의 의미를 그 자체 안에 가지는 것이 아니다. 오히려 교회는 다가오는 하나님 나라에 참여할 때만 '하나님 교회'라고 할 수 있다.

교회는 하나님 나라를 최종 목표로 삼아야 하며, 교회의 확장만을 목표로 해서는 안 된다.[54] 교회가 종말론적 방향을 잃어버리게 된다면 교회는 희망의 자리에 스스로 앉게 될 것이고 성장을 자기의 목표로 삼고 그의 파루시아로서 생각하게 된다고 보았다.[55]

몰트만은 오늘날 교회가 하나님 나라를 자신의 방향으로 설정할 때에야 비로소 현대 세계의 원칙과 가치에 관한 비판적이고 예언자적인 관계를 가지게 될 것이라고 말한다.[56]

예수 그리스도의 통치 속에서 하나님 나라의 방향성을 가진 교회는 예수 그리스도의 통치를 이 세계 안에 종말론적으로 실현시켜 나가야 한다. 이 세계 안에 예수 그리스도의 통치를 종말론적으로 실현

---

52 김동건, "몰트만 교회론의 특징들", 187.
53 위르겐 몰트만, 이신건 역, 『희망의 신학: 그리스도교적 종말론의 근거와 의미에 대한 연구』, 22.
54 위르겐 몰트만, 박봉랑 외 4인 역, 『성령의 능력 안에 있는 교회: 메시아적 교회론』, 27.
55 위의 책, 117-118.
56 위르겐 몰트만, 곽미숙 역, 『세계 속에 있는 하나님: 하나님 나라를 위한 공적인 신학의 정립을 지향하며』, 309.

시켜 나가는 교회는 "해방받은 교회이며 해방시키는 교회"다.[57] 교회는 예수 그리스도가 선포하신 하나님 나라를 향해 방향을 가지고 있다는 것이 몰트만의 주장이다. 이런 측면에서 몰트만의 그리스도론과 교회론은 일치성을 보인다.

2. 몰트만의 그리스도론과 교회론의 괴리

몰트만의 신학이 시대와 대화하면서 우주적 차원으로 발전하는 것은 바람직한 방향이다. 하지만 몰트만은 여기에 따른 괴리가 발생한다는 사실을 간과한 것으로 보인다. 괴리가 어떻게 해서 일어났으며 그 원인이 무엇이며, 괴리가 발생함에 따라 몰트만이 무엇을 대체한 것인지를 알아야 한다.

1) 몰트만의 초기와 후기의 강조점 변화에 따른 괴리

몰트만은 다양한 분야와 현실에 관심사를 가지고 있었다. 그의 글을 보면 특정한 주제에 머물지 않고 실천적인 면뿐만 아니라 시대의 책임적 응답성을 강조한다. 그는 끊임없이 우리 시대의 문제를 직시하면서, 신학을 통해 현실을 변화시키고자 노력했다. 그래서 그를 가장 실천적인 신학자 중 한 사람으로 평가한다. 그는 자신의 신학이

---

57 위르겐 몰트만, 박봉랑 외 4인 역, 『성령의 능력 안에 있는 교회: 메시아적 교회론』, 159.

강의실에서 나온 것이 아니라고 말한다.

그는 독자들이 자신에게 어느 교회에 관해서 말하고 있는가에 대해 질문한다면 그는 다양한 경험 즉 자신이 목회하면서 경험한 5년의 목회를 제외하고 10년 동안 여행하면서 다른 나라들의 상황을 목격하면서 경험했던 것을 이야기한다.[58]

한국 그리스도인들의 경험, 그들의 선교 열정, 정치적 항거 때문에 받는 고난 그리고 케냐와 가나의 독립 교회의 카리스마적 경험들, 그들의 기도들과 신나는 춤들, 마닐라의 빈민굴들 속에 있는 기독교 공동체의 노동, 라틴 아메리카의 캄파시노스의 마을들 그리고 경찰로부터 받는 그들의 핍박들이 자신에게 큰 인상을 주었다고 말한다. 이런 모습에서 그는 자신이 몸담고 있는 독일 교회의 한계를 보게 된다.

이런 일련의 경험들을 통해 몰트만이 자신의 교회론을 세운 것은 확실하다.[59] 경험을 많이 함으로 그의 신학도 시간의 흐름에 따라 발전 또는 변천하게 된다. 몰트만의 신학은 초기와 후기에 변화를 보인다. 몰트만은 하나님의 구원 사역을 만유 전체로 확대함으로써 사회역사적 책임 신학에서 우주적 차원의 신학으로 발전시켜 왔다.[60]

N.G. 라이트는 몰트만의 신학에 내재되어 있는 만유구원론은 그의 신학 초기부터 암시되어 있지만 명백하게 드러난 것은 『오시는 하나님: 기독교 종말론』부터라고 말한다.[61]

---

58 위의 책, 6.
59 위의 책, 7.
60 신옥수, "한국에서 몰트만의 수용과 이해", 「한국조직신학논총」 제35집 (2013), 206.
61 Nigel G. Wright, "Universalism in the Theology of Jurgen Moltmann", 33.

몰트만은 경험으로 얻게 된 그의 신학이 발전함으로 일관되게 흐르는 부분도 있다. 하지만 반대로 일관성을 유지하는 것처럼 보이지만 그 안에 상세하게 살펴보면 일치하지 않는 부분도 있다는 것을 발견하게 된다. 특히, 그리스도론과 교회론에서 불일치성이 나타난다.

몰트만의 그리스도론과 교회론은 크게 두 가지 차원으로 나누어진다고 앞에서 설명했다. 그것은 역사적 차원과 우주적 차원이다. 그리스도론과 교회론의 역사적 차원(종교적 차원이든, 개인적 차원이든, 역사적 차원이든)에서는 일관성도 있다. 하지만 몰트만이 주장한 우주적 차원에서는 일치하지 않는 부분이 발생한다. 이것을 몰트만은 간과했다.

몰트만은 초기에 만유재신론 또는 만유구원론의 용어를 자주 사용하지 않는다. 후기로 갈수록 확연히 주장하고 있음을 알 수 있다. 그는 만유재신론에 관한 신학적 주제를 체계적 방식으로는 초기에 다루지 않았고 드물게 사용한다. 하지만 그의 후기 작품에서 이 용어가 현저하게 나타난다.

그의 초기 작품이라고 할 수 있는 『희망의 신학: 그리스도교적 종말론의 근거와 의미에 대한 연구』(*Theology of Hope*, 1964), 『희망의 실험』(*The Experiment of Hope*, 1975), 『하나님의 경험들』(*Experiences of God*, 1980) 등은 만유재신론에 대한 몇 가지 모습을 담고 있다.

그러나 이후 『십자가에 달리신 하나님: 기독교 신학의 근거와 비판으로서의 예수의 십자가』(1973)에서는 만유재신론이 발전하고 있음을 보여 준다. 그리고 후기 작품이라고 할 수 있는 『삼위일체와 하나님의 나라』(1981), 『오시는 하나님: 기독교적 종말론』(1995)에서는

만유재신론이 화려하게 펼쳐지고 있다.[62]

이렇게 몰트만 신학은 후기로 갈수록 발전하고 있음을 알 수 있다. 하지만, 우리가 놓쳐서는 안 되는 것은 그의 신학이 일치하지 않는 부분을 가지고 있는가라는 문제다. 그의 중심 신학이 메시아신학이라고 했는데 특히 그리스도의 문제가 역사 속에 존재하는 교회와 충돌을 일으키고 있음을 발견한다. 어떤 점에서 충돌을 일으키고 일치하지 않는지를 확인해야 한다.

2) 그리스도론과 교회론 사이의 괴리 원인

몰트만에게 있어서 그리스도론과 교회론에 관한 일치성은 분명하다. 그리스도 중심적이며 인간의 구원을 위하고, 종말론적 방향성을 가지는 것은 일치한다. 하지만 몰트만의 그리스도론과 교회론이 괴리를 일으킨 원인은 그가 역사를 강조한 점도 있지만 동시에 우주를 강조한 데 있다.

몰트만 사상에서 역사에 관한 강조와 우주에 관한 강조는 매우 훌륭한 신학 발전을 이루었지만, 이 둘 사이가 어떻게 조화를 이룰 수 있는지에 대해서는 언급이 거의 없다. 결국, 이 둘 사이의 조화를 이루지 못한 것이 가장 심각한 괴리의 원인이다.

둘 사이의 괴리는 그리스도론에서는 잘 드러나지 않는다. 역사적 차원에서 우주적 차원으로 확장되더라도 예수 그리스도에 관한 확장

---

62 신옥수, "몰트만 신학에 있어서의 만유재신론적인 비전", 「조직신학논총」 제8집 (2003), 104.

만 일어나면 된다. 즉, 그리스도가 부활하심으로 우주적 그리스도는 이미 현재 우리에게 있다. 부활하신 그리스도는 역사에 묶일 뿐 우주의 모든 곳에 계실 수 있다. 예수 그리스도는 역사의 주이시기도 하면서 만유가 이미 부활하신 그리스도 안에 있다. 따라서 역사를 강조하다가 우주를 강조한다고 해서 개인적 그리스도이든, 역사적 그리스도이든 그리스도를 우주적 그리스도로 확장해도 문제가 생기지 않는다. 여기에서는 언제나 일치가 일어난다.

하지만 교회는 역사적 교회에서 우주적 교회로 갈 수 없다. 역사 안에 있는 교회는 근본적으로 우주적으로 갈 수 없는 구조다. 교회가 종교적 교회든지, 역사적 교회든지 상관없이 미래의 방향으로는 우주성을 가질 수 있으나 현재는 교회가 역사 속에 있기에 우주적 교회가 될 수 없다는 괴리가 발생할 수밖에 없다. 여기서 심각한 불일치가 일어나게 된다.

역사적 교회는 미래의 방향성을 가지는 것으로만 이 괴리를 극복하지 못하면 역사적 교회의 활동은 역동성을 잃게 된다. 왜냐하면, 우주적 장으로 교회를 확장하게 되면 역사적 교회가 그 활동의 장이 없게 된다. 종교적 교회이든, 역사적 교회이든 모든 것이 인간 중심적으로 이루어지고 인간을 향한 움직임이었다. 즉, 교회 활동의 장은 철저하게 인간 중심이다.

그런데 우주로 확장하게 되면 그 활동의 장이 사라지게 되기에 역동적 활동성을 가지지 못한다. 교회의 방향성은 있지만, 구체적으로 어디라고 하는 장소가 없기에 이 괴리를 메우지 못한다. 그렇다면 교회는 우주를 강조할 수 있지만, 무엇을 해야 할지 모르게 된다. 종교적 영역이 된 교회는 종교적 영역에서, 역사적 교회는 역사 안에서 그 실천의 장을 가질 수 있다. 하지만 우주적 교회는 그 실천의 장을 상실하게 된다. 우주 안에 교회가 없기 때문이다.

김동건은 기독교인이 따라야 할 실천적 내용, 곧 역사적이며 책임적 사명은 '역사적 예수'에게서 나온다고 말한다. 이 부분이 모호해지면 그리스도론도 모호해지기 때문이다. 역사적 예수를 제외하고 어디서 그리스도론의 내용을 마련할 수 있겠는가라고 반문한다.[63] 여기에 필자는 동의한다.

몰트만은 그의 신학 중반까지는 역사를 강조했다. 그러나 후반으로 갈수록 우주 즉 만유를 강조했는데, 이것이 교회론에서 자체 모순으로 발생했다. 몰트만은 이 둘 사이의 조화를 이루어 내지 못했다. 조화를 이루지 못한 것이 괴리가 일어나는 원인이 된 것이다.

이는 신학의 범주에 관한 몰트만의 판단과도 연관이 있다. 몰트만은 20세기까지 신학 범주는 역사였으나, 21세기가 되면서 신학의 범주가 자연(우주)으로 변경되었다고 주장한다. 역사의 범주를 더 이상 타당한 것으로 보지 않게 되면, 역사적 교회에 관한 강조도 약화될 것이다.[64]

63　김동건, 『그리스도론의 역사: 고대 교부에서 현대 신학자까지』, 973.
64　김동건은, 몰트만이 역사의 범주를 포기한 것에 대해 동의하지 않는다. 김동건은 자연(우주)라는 범주가 역사를 대신한 것이 아니라, 두 범주는 함께 공존한다고 본다. Dong-Kun, Kim *The Future of Christology: Jesus Christ for a Global Age* (New York, London: Lexington Books/Fortress Academic, 2019), 65-66.

3) 만유 회복과 하나님 나라로 대체된 교회

몰트만은 자신의 그리스도론을 우주론적 그리스도론까지 확장한다. 그 이유는 현대의 기독교 신학이 150년 전부터 부활 신앙을 단지 '역사'라고 하는 파라디그마의 틀 속에서 논의하고 있었는데 이제는 역사를 넘어 자연 속에 있는 생태학적 조건들을 통찰해야 한다고 강조하기 시작했기 때문이다.[65]

또한, 그는 그리스도론이 우주적 그리스도론에서 비로소 완성된다고 한다. 우주적 그리스도론을 다루지 않으면 다른 모든 그리스도론은 충분하지 못하다고 보았다.[66] 왜냐하면, 서구 산업 사회의 '생태학적 위기'는 이미 생태학적 대재난이 되어 버렸기 때문이다.[67]

그는 피조물은 하나님의 창조이고 예수 그리스도의 죽음과 부활이 단순히 인간만이 아니라 우주까지 포함한다고 생각했다. 피조물을 포함하지 않는 구원은 생각할 수 없다는 것이다. 또한, 역사적 그리스도론은 생태학적 문제에 응답할 수 없다고 보았기 때문이다.[68] 이런 측면에서 몰트만은 우주적 차원의 그리스도론으로 발전한 것이다.

이렇게 발전된 그리스도론은 언제나 '그리스도가 중심'이기에 불일치성이 드러나지 않고 언제나 일관성도 있고 일치성이 있다. 여기

---

65 위르겐 몰트만, 김균진 김명용 역, 『예수 그리스도의 길: 메시아 차원의 그리스도』, 348.
66 위의 책, 389.
67 위르겐 몰트만, 곽미숙 역, 『세계 속에 있는 하나님: 하나님 나라를 위한 공적인 신학의 정립을 지향하며』, 138.
68 위르겐 몰트만, 김균진 김명용 역, 『예수 그리스도의 길: 메시아 차원의 그리스도』, 349.

서 그리스도는 인간과 만유의 구원자이시기에 모순이 드러나지 않는다. 시기적으로 변화를 해도 그리스도는 우주적으로 발전시켜도 문제가 없다. 그러나 우주적 교회라는 것을 주장하기 어렵다. 그렇다면 이 역사에 있는 교회가 우주적 교회가 될 수 있는가라는 문제가 발생한다.

몰트만은 교회가 다른 것들과의 관계에서만 바르게 이해할 수 있다고 하면서 세 가지를 제시했다.

첫째, 가시적 교회에서 만나는 경험과 신앙 고백들이다.
둘째, 그리스도의 역사로부터 교회에 관한 이해다.
셋째, 세계사적 상황과의 관계다.

이때 그는 마지막으로 우주적 지평을 말한다. 이 우주적 지평에서 교회는 비로소 특수한 실존의 의미를 이해할 수 있기 때문이다.[69] 분명히 몰트만은 우주적 지평에서 교회론을 보려고 했기에 우주적 교회론까지 확장하려고 했다. 하지만 몰트만의 교회론은 구조적으로 우주적 교회론을 펼칠 수가 없다는 점을 인식했던 것으로 보인다.

특히, 우주적 부분에서 충돌을 피할 수 없다는 점을 어느 정도 인식한 것으로 보인다. 왜냐하면, 그는 우주적 교회라고 명명하는 대신 종말론적 방향성을 가진 교회, 만유 회복을 위한 교회를 우주적 차원의 교회라고 말하고 있기 때문이다. 따라서 몰트만은 우주적 교회 대

---

69 위르겐 몰트만, 박봉랑 외 4인 역, 『성령의 능력 안에 있는 교회: 메시아적 교회론』, 30.

신 만유의 회복을 강조하게 된다.

　몰트만은 그리스도가 인간의 화해뿐만 아니라 다른 모든 피조물의 화해를 위해 죽었다고 하면서[70] 만물의 회복을 강조했다. 그는 에베소서 1:10[71] 그리고 골로새서 1:20[72]의 말씀을 인용해 모든 사람과 땅 위에 있는 생물은 천사뿐만 아니라 분명히 불순종한 천사들도 그리스도를 통해 화해된다고 말한다. 이것은 모든 사물의 회복이 세계 완성의 형태를 향한 것이라는 의미다.[73]

　이런 측면에서 그는 우주 즉 피조물의 회복을 강조한다. 만물의 회복은 오직 만물이 그리스도 안에 있기에 그리스도에 의해서 회복된다는 것이다. 하지만 몰트만은 이것을 교회라고 말하지 않는다. 다만 교회의 사명이라고 말한다. 왜냐하면, 만물의 회복이 우주적 교회가 될 수 없기 때문이다. 따라서 몰트만은 우주적 교회 대신에 그 자리에 만물의 회복을 말할 수밖에 없었다.

　또한, 몰트만은 우주적 교회를 하나님 나라라고 하는 종말론적 방향성으로 말한다. 구조적으로는 우주적 교회가 될 수 없지만, 방향으로서 우주적 교회라고 한 것이다. 몰트만은 기독교 종말론은 우주적 종말론으로 확대할 수밖에 없다고 생각한다. 몰트만은 현대 신학이 '자연'의 영역에서 후퇴해 '역사'의 영역에 집중했으며, '역사'의 영역에서도 역사의 내적인 면 곧 '인간의 실존'에 자신을 제한시킨 것

70　위르겐 몰트만, 김균진 김명용 역, 『예수 그리스도의 길: 메시아 차원의 그리스도』, 360-361.
71　"하늘에 있는 것이나 땅에 있는 것이 다 그리스도 안에서 통일되게 하려 하심이라."
72　"그의 십자가의 피로 화평을 이루사 만물 곧 땅에 있는 것들이나 하늘에 있는 것들이 그로 말미암아 자기와 화목하게 되기를 기뻐하심이라."
73　위르겐 몰트만, 김균진 역, 『오시는 하나님: 기독교적 종말론』, 415.

은 이해할 만한 일이다. 여기서 우주론과 종말론의 분리는 피할 수 없는 일이다. 기독교 종말론이 우주적 종말론이라고 한다면 반드시 교회도 우주적으로 방향이 설정되어 있어야 한다.[74]

종말론적 방향은 하나님 나라다. 몰트만은 하나님 나라로서 상징적으로 표기되는 하나님 나라의 미래는 이 세계의 미래를 포괄한다. 즉, 하나님의 미래는 민족들과 인류와 모든 살아 있는 생명체의 미래를 포괄하는 것으로 본다. 동시에 이 세계에 존재하는 모든 것이 그와 더불어 살아가는 이 땅의 미래를 포괄한다고 말한다.[75]

그는 교회가 하나님 나라의 역사 내에서의 선취라고 말한다. 따라서 교회는 하나님 나라라는 분명한 방향을 가진다.[76] 즉, 교회가 그리스도의 교회라고 한다면 교회는 그의 미래가 되는 하나님 나라에 관해 말해야 한다는 것이다.[77] 몰트만은 교회의 미래가 바로 하나님 나라라고 말한다.

몰트만은 기독교적 존재와 행동이 어디에서 정당화될 수 있는가라는 질문 앞에 그는 그 자신에 의해서 정당화될 수 없다고 말한다. 교회는 메시아와 메시아의 미래에 의해서 정당화된다.[78]

그는 교회가 아직 하나님 나라가 아니라고 분명히 말한다. 교회는 역사 내에서의 하나님 나라의 선취다. 그는 기독교는 아직 새로운 피조물은 아니지만 새롭게 창조하는 성령 활동의 장이라고 말한다. 이

---

74 위르겐 몰트만, 곽미숙 역, 『세계 속에 있는 하나님: 하나님 나라를 위한 공적인 신학의 정립을 지향하며』, 153.
75 위의 책, 351.
76 위르겐 몰트만, 박봉랑 외 4인 역, 『성령의 능력 안에 있는 교회: 메시아적 교회론』, 289.
77 위의 책, 281.
78 위의 책, 289.

것은 교회는 새로운 피조물로서 존재하는 것이 아니라 성령이 활동하는 장으로서 성령의 역할에 봉사해야 한다는 것이다.[79]

몰트만은 교회를 하나님 나라로 보지 않았다. 따라서 그는 하나님 나라는 교회의 미래일 뿐이며 역사 안에 있는 교회가 하나님 나라가 되지 않는다는 것을 분명히 알고 있다. 따라서, 몰트만은 우주적 교회를 하나님 나라로 대체하고 우주적 방향을 가진 교회론을 펼쳤다.

---

[79] 위의 책.

제4장

결론

1. 장점 및 공헌

1) 21세기 신학의 중요한 분야는 우주에 관한 것이 될 것이다.

신학은 역사와 우주 두 범주를 다루어야 한다. 지금까지는 그리스도론의 다양한 형태가 있었지만, 공통점은 인간 중심적이었다. 하지만 이제는 자연을 중심으로 하는 우주적 그리스도론이 중요한 유형이 될 것이다.[1]

몰트만은 그리스도론도 역사적 그리스도론에서 우주적 그리스도론으로 확장시켰다. 그는 생태학적 위기 속에서 인간 중심적으로 펼쳐 온 기독교가 우주의 시대 한계에 직면했다고 보고 그리스도론을 인간 중심적 그리스도론의 한계를 넘어선 자연-종말론적 그리스도론에 이르게 했다.[2]

---

1   Kim Dong-Kun, *The Future of Christology: Jesus Christ for a Global Age,* 39-42.
2   위르겐 몰트만, 김균진 김명용 역, 『예수 그리스도의 길: 메시아 차원의 그리스도』, 383.

이것은 만유구원론 등 논쟁을 많이 일으킨 문제이기도 하지만 인간 중심적 신학으로 기독교의 범주가 역사에 머물러 있는 것을 뛰어넘어 우주적 차원으로 발전시킨 것은 큰 의미가 있다.

20세기 이전의 그리스도론은 두 가지 유형이었다.

첫째 유형은 그리스도를 매개하는 범주를 '존재'로 보는 유형이다. 이를 '위로부터의 그리스도론'이라고 부른다. 이것은 철학적이며 형이상학적인 것으로서 본다. 이는 현대의 사고 패턴과는 맞지 않는다고 몰트만은 주장한다.

둘째 유형의 범주는 '역사'인데 이것은 인간이 주체가 되어 구원의 패러다임을 찾는 것이다.

몰트만은 근대 이후 이런 유형으로 인해 인간은 역사와 자연을 분리해서 사고하기 시작했고, 결과적으로 자연이 희생되었다고 보았다. 몰트만은 역사라는 범주가 현실 세계, 더구나 자연을 포함한 피조 세계를 포괄적으로 다루기에 적합하지 않다고 판단하고 '자연-종말론'(nature-eschatology)을 펼쳤다.[3]

몰트만은 종말론적 시각으로 접근함으로 두 유형 그리스도론의 한계를 극복하고자 한 것이다. 몰트만은 '역사'라고 하는 근대의 패러다임 속에서는 인간학적 그리스도론이 필요했다고 말한다. 하지만 인간학적 그리스도론은 근대의 자연을 파괴하는 요인으로 작용한 것

---

3 김동건, 『그리스도론의 역사: 고대 교부에서 현대 신학자까지』, 795.

으로 본다.[4] 여기서 몰트만은 역사적 차원의 그리스도론의 한계를 인식하고 역사적 그리스도론에서 우주적 그리스도론으로 발전시킨 것이다. 이것은 매우 바람직하다. 몰트만은 끊임없이 시대와 대화를 시도했고, 그 시대에 부응하면서 우주적 그리스도론으로 응답했다.

2) 몰트만은 그리스도론을 우주적 그리스도론으로 발전시키듯이 교회도 우주적 차원으로서의 그 역할을 확대한다.

그 이유는 두 가지다.

첫째 이유는 교회의 근본은 그리스도이기 때문이다.

몰트만은 우주적 그리스도론을 펼쳤다. 따라서 그리스도를 근본으로 하는 교회는 당연히 우주적 차원의 교회가 되어야 한다. 몰트만은 교회를 단지 인간의 세계 안에만 제한시키는 것을 경계한다.[5] 그는 세계에 관계하는 하나님의 우주적 역사 영역 속에서 개별적 교회에 관해 이해하려고 했다. 그 이유는 그런 이해가 없는 교회론은 추상적이고 명목적이 된다고 생각하기 때문이다.[6]

둘째 이유는 역사적 교회의 중심은 그리스도론과 마찬가지로 인간 중심인데, 인간 중심적 교회론은 생태 문제나 시대와 맞물려 일어나는 다양한 현실 문제에 더 이상 해답이 되지 못한다고 확신했기 때문이다.

---

4   위르겐 몰트만, 김균진 김명용 역, 『예수 그리스도의 길: 메시아 차원의 그리스도』, 383.
5   위르겐 몰트만, 곽미숙 역, 『세계 속에 있는 하나님: 하나님 나라를 위한 공적인 신학의 정립을 지향하며』, 153.
6   위르겐 몰트만, 박봉랑 외 4인 역, 『성령의 능력 안에 있는 교회: 메시아적 교회론』, 84.

몰트만은 참된 교회라면 역사적 교회로서의 범주가 아니라 우주적 차원의 교회를 다루어야 한다고 주장한다. 여기서 몰트만이 말하는 우주적 차원의 교회는 교회가 우주적이라는 것이 아니라 종말론적 방향성을 가진 교회라는 의미다. 몰트만은 교회는 역사 안에서 구체적이고 분명한 방향이 있어야 한다고 생각했다. 하지만 종말은 하나님의 역사에 있기 때문에 교회는 종말을 이룰 수 없다. 따라서 몰트만은 우주의 완성을 향해 움직이는 교회를 종말론적 방향을 가진 교회라고 말한다.

몰트만에 있어서 "종말론적 방향성"이란 아직 완성되지 않은 미래의 시각에서 예수 그리스도의 현재를 보는 구조를 말한다. 즉, 교회는 장차 올 세계의 구원을 지향하며 완성될 하나님 나라를 향해 달려가는 것이다. 그러므로 종말론적이란 "역사의 완성"이라는 미래의 시각에서 현재를 보는 것이다.[7] 역사의 완성이라는 종말론적 관점에서 현재를 보는 이 구조는 기존 교회의 범주를 뛰어넘는 구조다. 이로 인해 역사적 교회는 종말론적 방향을 가진 교회로 역사의 책임 있는 교회로 서 있게 된다.

---

7   김동건은 역사를 종말론적으로 본다는 것은, "거꾸로 된 시간의 의미"로 역사를 보는 것이라고 말한다. 사실적 역사에서 예수 그리스도는 '출생-사역-죽음-미래의 종말'의 순서로 이해된다. 하지만 종말론적 시간에서, 미래의 종말은 이미 예수의 부활에서 '선취적'으로 일어났고, 부활을 통해 그리스도의 죽음을 구원의 사건으로 본다. 그러므로 종말론적 시간 개념에서 예수는 다시 오실 분으로서 죽으셨고, 오고 계시는 하나님으로서 인간의 육신을 취하고 십자가의 죽음을 택하셨다. 이런 관점에서 몰트만은 2,000년 전 십자가에서 드러난 삼위 하나님의 약속은 앞으로 이루어질 '미래'의 지평을 내포한다고 보았다. 김동건, 『그리스도론의 역사: 고대 교부에서 현대 신학자까지』, 793.

몰트만은 교회를 불안하게 하는 것은 결코 시대의 불안일 수만은 없다고 생각한다. 그는 교회와 교회의 가르침의 새로운 자세 결정을 불가피하게 해야 한다고 판단했다. 몰트만은 교회는 상황만의 변화를 추구하는 것이 아니라 교회의 언어, 예배 조직과 삶의 형태들과 더불어 사회 변화를 고려해야 한다고 보았다.[8] 이는 살아 있는 하나님을 그 시대에 매개하려고 했던 종교개혁가들의 신학과 일치한다.

몰트만은 인간 중심적 교회와 신학은 사회와의 접촉을 상실함으로 현실에 대해 무감각해져 간다고 보았다. 교회와 신학이 이미 화석화되었기에 신학도들은 신학도로서의 배움을 포기하고 오히려 사회적 학문을 연구하는 데 몰두하고 있다고 보았다.

그는 신학도들이 세상의 다양한 현상을 사회적 학문으로 세상에 응답하려는 시도들을 통탄했다.[9] 몰트만은 신학도들에게 신학으로 그 시대에 책임 있는 자세를 가지기를 원했다는 것을 알 수 있다. 몰트만이 종말론적 방향에서 교회를 바라본 것은 교회가 역사에서 어떤 역할을 해야 하는지를 분명하게 보여 준 것이다. 또한, 신학도들에게 경종을 울리는 외침이다.

8　위르겐 몰트만, 박봉랑 외 4인 역, 『성령의 능력 안에 있는 교회: 메시아적 교회론』, 17.
9　위르겐 몰트만, 김균진 역, 『십자가에 달리신 하나님: 기독교 신학의 근거와 비판으로서의 예수의 십자가』, 21.

3) 몰트만의 신학은 우주적 차원으로 확장한 것은 바람직했고 그 시대를 뛰어넘을 수 있는 학문적 진보를 이루어 냈다.

그는 여러 나라를 다니면서 여러 경험을 하면서 교회의 한계를 직시하고 신학으로 시대와 대화하려 했고, 그 시대를 책임지려는 가운데 역사 속에 있는 교회의 한계를 극복하려고 했다.

따라서 그의 신학은 초기에 잘 드러나지 않는 우주까지 포함한 신학이 등장한다. 몰트만이 주장하는 우주는 자연 즉 만유를 말하는 것이다. 만유의 구원을 위한 신학을 펼치기 위해 몰트만은 그의 하나님에 관한 이해를 우주 속에 계신 분으로 발전시킨다. 이것 때문에 범신론자라는 오해를 받기도 한다.

하지만 몰트만의 신학은 범신론이 아니라 범재신론이다. 이유는 몰트만의 만유 회복의 근거가 '그리스도론'에 있기 때문이다. 몰트만에게 있어서 그리스도론은 하나의 교리가 아니라, 만유 회복이라는 넓은 지평을 열었다. 또한, 범재신론이 그리스도론과 연결됨으로써 기독교의 범위를 벗어나지 않는다.[10] 몰트만 신학의 독특성 중 하나가 만유구원에 관한 것이 '그리스도론'과 연결되어 있다는 점이다. 몰트만은 만유구원이 "오직 그리스도론의 영역"에서 다룰 수 있는 주제라고 본다.[11] 따라서 그는 범신론자가 아니다.

---

10 김동건, 『그리스도론의 역사: 고대 교부에서 현대 신학자까지』, 795.
11 몰트만의 만유구원에 관한 오해가 제법 있다. 몰트만에게 만유구원의 근거는 오직 그리스도이다. 그런데 몰트만의 만유구원에 관한 비판의 근거로 '인간의 불신앙'을 제시하는 경우가 있다. 라이트(N. G. Wright)는 '신앙을 통해 구원을 받는다는 명제로 몰트만을 비판한다. 이 비판은 몰트만 사상을 오해한 데에서 비롯된 것이다. 몰트만은 인간의 행위가 구원의 결정적인 요인이라고 보지 않는다 (Nigel G. Wright, "Universalism in the Theology of Jurgen Moltmann", 38-39). 위의 책, 798 인용.

몰트만에게 만유구원은 범재신론과 그리스도론이 결합된 구조로 되어 있다. 만유 회복을 위한 큰 틀은 범재신론에서 마련되고, 그 안에 그리스도의 구원 사역이 자리한다.[12] 하지만 범재신론과 범신론은 종종 혼란을 일으킨다. 범신론은 기독교의 신관이 아니다. 이런 혼란 가운데서도 범재신론은 유신론의 한계를 극복한다. 유신론에서 하나님과 세계는 이원적, 대립적, 초월적이 된다. 반면 범재신론은 상호 내재적이며, 이원론적 대립을 극복할 수 있다.

하지만 범재신론은 언제나 범신론이 될 위험이 있다는 것에 주의를 기울여야 한다. 그 위험은 하나님이 우주, 혹은 만물의 총합과 동일하게 되는 경우다. 그래서 무한한 하나님과 유한한 세계의 상호 내재는 신과 만물의 일치로 보는 범신론으로 발전하는 경우가 많았다.[13] 하지만 몰트만의 범재신론은 만물이 그리스도 안에 있기에 교회로 하여금 교회와 세상을 구분짓게 하거나 이 세상은 멸망받아야 할 곳이라는 인식을 극복하게 한다.

몰트만은 만유의 완성을 향해 나아가는 그리스도의 존재 양식은 언제나 과정에 있지 고정되어 있지 않다는 입장이다. 종말이 아직 완성되지 않은 미래라는 차원에서 본다면 역시 그리스도의 사역도 종결되지 않았다고 말한다. 몰트만은 그리스도의 구원이 예수 그리스도가 십자가를 지시고 부활하심으로 완성된 것이 아니라 부활로 완성을 향하는 도중에 있다고 본다.[14]

---

12   김동건, 『그리스도론의 역사: 고대 교부에서 현대 신학자까지』, 796.
13   위의 책, 943.
14   김동건, "몰트만과 판넨베르크 신학의 비교 연구: 역사관, 그리스도론, 프락시스를 중심으로", 91.

몰트만의 '되어 감' 사상은 구원론에도 동일하게 나타난다. 즉, 예수 그리스도의 메시아적 사역은 아직 완료되지 않았기에 메시아적 통치가 도상에 있다면, 구원도 열려 있다는 것이다.[15]

몰트만이 제시한 우주적 그리스도는 현재 우리와 함께, 교회 공동체와 함께, 사회와 함께, 자연과 생태계와 함께, 나아가 만유와 함께하는 구조를 가지고 있다. 역사적 교회는 그리스도에 의존하고, 그와 함께하며, 만유 회복이라는 우주적 완성을 향하게 한다. 이 점에서 교회는 우주적 차원이라는 지향점을 가진다고 몰트만은 말한다. 몰트만의 이런 시도는 교회와 세상의 이원화를 극복할 뿐만 아니라, 교회와 자연 사이의 간격도 메워 준다.

4) 몰트만의 우주적 방향을 가진 교회를 이상적인 교회로 제시했다는 점에서 뛰어나다.

몰트만의 주장대로 모든 교회는 우주적 완성이라는 종말론적 지향점과 현재 사명 사이의 두 긴장 속에 있다. 교회가 미래에 도달할 만유 회복과 현재 사명이라는 조화 속에 있을 때 이상적 교회가 된다. 이것이 이루어지면 교회는 미래의 방향을 가지고 우주적 그리스도를 바라보면서 현재 우리와 함께하면서 역사 속에서 강력한 실천과 역동성이 나온다. 이때 종교 공동체도 의미가 있게 된다.

그리스도론에서 개인에게 임한 그리스도는 잘못된 것이 아니다. 그리스도는 개인에게도 그리스도이시다. 다양한 차원을 가질 뿐 그리스도는 모든 차원에 있어서 중심이며 가치가 있다. 그리스도론은

---

15 김동건, 『그리스도론의 역사: 고대 교부에서 현대 신학자까지』, 795.

다만 다양한 차원을 가질 뿐이다. 마찬가지로 종교적 차원도 그 자체의 한계가 있다는 것이지 잘못된 것은 아니다. 그러나 종교적 차원만 있으면 역사적 차원이 약해진다. 또한, 역사적 차원만 있으면 나아가야 할 종말론적 방향성을 놓칠 수 있게 된다.

종교적 차원과 역사적 차원 그리고 우주적 차원, 즉 이 셋 모두를 놓치면 안 된다. 기독론도 이 세 차원이 연결되어야 한다. 이 세 차원이 결합될 때 이상적이다. 교회도 이 세 차원이 결합되어야 한다. 그러나 단 하나 교회는 현재 우주적 차원을 가질 수 없다. 그 대신 교회는 우주적 완성이라는 종말론적 지향점과 현재 사명 사이의 긴장 속에 있다.

교회의 역사적 참여는 이중적 역사관 안에 위치한다. 현재 역사는 하나님 나라의 완성이라는 종말을 향해 나아가며 동시에 그리스도는 종말로부터 시간을 역행해서 현재의 역사를 이끄신다. 교회는 종말의 완성과 현재의 불완전한 역사 사이의 '모순'된 현실 속에 존재한다. 이 모순된 현실을 극복하는 것이 교회의 사명이며 그리스도를 따르는 교회의 모습이다.

몰트만 사상에서 교회의 실천은 하나님이 역사의 고통에 참여하실 수 있다는 사실과 하나님 나라의 완성을 향해 이 역사가 변화되어야 한다는 사실에 기반을 둔다. 따라서 교회는 이런 바탕 위에 확고한 역사 참여를 해야 한다.[16] 교회가 미래에 도달할 만유의 회복과 현재 사명의 조화 속에 있을 때 가장 이상적인 교회가 된다.

---

16 김동건, "몰트만과 판넨베르크 신학의 비교 연구: 역사관, 그리스도론, 프락시스를 중심으로", 96.

5) 몰트만의 그리스도론과 교회론의 상관관계 연구는 현시대 학문 간 통합도 중요하지만, 조직신학 분야에서 매우 중요한 연구 과제다.

시대가 통전적 학문으로 흐르고 있다. 그리스도론, 교회론, 종말론, 삼위일체론, 성령론 등 독립된 주제가 있다. 하지만, 현시대는 서로 어떤 연관성이 있는가라는 쪽으로 흐르고 있다.

특히, 교회는 그리스도를 떠나서는 존재할 수 없다. 이유는 그리스도의 교회이기 때문이다. 이런 측면에서 현대 교회가 그리스도론에 바탕을 두지 않으면 공허한 신학이 될 뿐이다. 교회론은 그리스도론과 종말론 그리고 기타 다른 주제와 연결해서 연구해야만 이 시대에 책임적 교회로서 존재할 수 있다고 보았다.

몰트만은 교회에 관한 생각은 교회는 "창조의 대리자"이며[17] "하나님의 백성" 또는 "사람에게 빚진 자"라는 인식하고 있다.[18] 그는 창조의 대리자로서 교회는 모든 만물의 새로운 창조 안에 말씀과 하나님의 영이 현존하신다는 전조요, 시작이라고 보았다.[19]

또한, '하나님의 백성', '사람에게 빚진 자'의 개념은 교회가 피조물을 향한 사명을 가지고 있는 것이라고 말한다.[20] 이는 역사 안에 있는 교회가 우주론적으로 나아갈 수 있는 교회의 방향성을 말하는 것이다. 이렇듯 몰트만의 교회론은 그리스도론과 종말론이 깊은 연

17　위르겐 몰트만, 곽미숙 역, 『세계 속에 있는 하나님: 하나님 나라를 위한 공적인 신학의 정립을 지향하며』, 153.
18　위르겐 몰트만, 박봉랑 외 4인 역, 『성령의 능력 안에 있는 교회: 메시아적 교회론』, 15.
19　위르겐 몰트만, 곽미숙 역, 『세계 속에 있는 하나님: 하나님 나라를 위한 공적인 신학의 정립을 지향하며』, 153.
20　위르겐 몰트만, 박봉랑 외 4인 역, 『성령의 능력 안에 있는 교회: 메시아적 교회론』, 15.

관성을 가지고 있다. 몰트만의 신학은 언제나 그리스도를 중심으로 한 통전적 신학을 펼쳤다.

몰트만의 종말론적 그리스도론은 하나님 나라를 지향하면서, 현재 우리가 가져야 할 책임성과 연결된다. 몰트만 신학은 처음부터 일관되게 하나님 나라 사상에 근거한 "공적 신학"(Public Theology)이었다. 몰트만은 후기에 이를수록 더욱 하나님 나라 신학에 충실히 하고자 했다.[21] 21세기에 공적 신학이 대두되었고 지금 활발히 연구 중이다.

'공적 신학'이란 용어를 정의하기란 쉽지 않다. 이유는 공적 신학이 북미, 유럽, 남미, 우리나라 등 전(全) 지구적으로 각기 다른 곳에서 다양한 모습으로 나타났기 때문이다.[22] 하지만 필자는 간략하게 공적이라는 부분을 우리 삶의 전 영역으로 보고 우리가 살아가는 모든 삶의 전 영역에 응답하는 신학을 공적 신학이라고 정의한다. 지금 신앙은 개인적이고 사적 영역으로 전락되었다.

우리 삶의 한복판에서 신학은 거의 응답하지 못한다. 이렇게 되면 그리스도는 사적 영역에서만 역사하고 내면화되어 버린다. 교회 또한 사적 영역으로 내몰리게 되고 신앙은 사유화되어 버린다.

몰트만은 자신이 제시한 우주적 그리스도론과 우주적 방향을 향한 교회는 공적 영역 즉 정치, 경제, 사회, 문화, 환경 등 우리가 실존하는 삶의 전 영역에 대해 교회가 책임 있게 응답할 수 있는 길이 마련된다고 보았다.

---

21 신옥수, "한국에서 몰트만의 수용과 이해", 210.
22 최경환, "공공신학의 기원, 특징, 최근 이슈들", 『복음과 윤리』 12권 (2015), 14.

2. 한계 및 대안

1) 몰트만의 신학 중에 가장 논쟁을 일으킨 부분이 범재신론과 만유구원론이다.[23]

몰트만의 신학은 분명 그리스도론이 중심 신학이지만, 삼위일체론 안에 그리스도론이 있는 특징을 갖고 있다. 지금까지 신학적 주제들을 보면 삼위일체론과 그리스도론은 별개의 주제로 다루어져 왔다. 하지만 몰트만은 그리스도론을 삼위일체론과 연결시킨다는 특징이 있다.[24] 몰트만이 그리스도론을 삼위일체 안에 두는 이유는 그리스도론만으로는 타 종교와의 대화, 자연과의 관계를 설정하기가 어려운 부분이 있다고 판단했기 때문이다. 몰트만은 다양한 주제를 삼위일체론 안에서 해결하려고 했다.

그러나 몰트만은 "만유의 화해", "모든 것의 회복", "구원의 보편주의" 혹은 "모든 사물의 회복"의 문제를 삼위일체론 안에서 다룬 것이 아니라 오직 그리스도론에서만 결정될 수 있다고 본다.[25] 이런

---

23 몰트만의 주요 저서에는 범재신론적 경향이 일관되게 나타난다. 『십자가에 달리신 하나님』(1973), 『성령의 능력 안에 있는 인간』(1975), 『삼위일체와 하나님 나라』(1980)에서 범재신론의 요소가 드러난다. 그 후 『창조 안에 계신 하나님』(1985)에서 범재신론적 존재론이 확립된다. 『예수 그리스도의 길』(1989)에서는 우주적 그리스도론이 제시된다. 『생명의 영』(1991)에서는 성령 안에서의 생명과 새로운 생명이 경험하는 여러 방식이 다루어진다. 성령은 생명의 근원으로 만유에 가득하다는 점이 강조된다. 『오시는 하나님』(1995)은 창조 세계와 삼위일체와 완성을 다루는데, 여기서 만유의 화해와 구원이 제신된다. 구원의 완성은 만유의 화해이며, 모든 피조물이 하나님 안에서 회복된다. 이렇게 몰트만 신학에 나타나는 일련의 흐름은 범재신론이다. 김동건, 『그리스도론의 역사: 고대 교부에서 현대 신학자까지』, 941. 인용
24 김동건, "몰트만의 그리스도론의 구조와 특징", 76.
25 위르겐 몰트만, 김균진 역, 『오시는 하나님: 기독교적 종말론』, 409.

주장은 매우 타당한 주장이고 별 문제가 없다. 그리스도는 인간의 화해를 위해서뿐만 아니라 모든 다른 피조물의 화해를 위해 죽으셨다는 것은 충분히 받아들일 수 있다.[26] 그리스도 안에서 만유구원을 다룰 때는 전혀 문제가 일어나지 않는다.

하지만 창조를 삼위일체론으로 풀어 갈 때 주의해야 할 부분이 있다. 그는 창조의 사건이 삼위일체적 사건이라고 말한다.[27] 그는 모든 만물이 "하나님에 의해" 창조되었고, "하나님을 통해" 형성되었으며, "하나님 안에서" 존재한다고 말한다.[28] 이는 창조는 전적으로 "하나님의 손에 의해 만들어진 하나의 작품"으로 일컬어질 뿐만 아니라 간접적으로 중재되는 하나님의 현존이기도 하다.[29]

몰트만은 하나님의 현존 장소가 교회와 신학을 새로운 세계에 대한 전망을 열어 준다고 보았다.[30] 이에 따라 몰트만은 하나님은 어디에 계시는가라고 질문한다. 그는 하나님의 영원한 나라가 시작되기 전에 오시는 하나님은 그의 쉐키나에 현존하신다고 말한다.[31] 이것은 하나님의 영은 모든 피조물 '안에' 있다는 뜻이다. 이유는 하나님은 세계의 창조자이실 뿐만 아니라 우주의 영이시기 때문이다.[32]

---

26 위르겐 몰트만, 김균진 김명용 역, 『예수 그리스도의 길: 메시아 차원의 그리스도』, 360-361.
27 위르겐 몰트만, 곽미숙 역, 『세계 속에 있는 하나님: 하나님 나라를 위한 공적인 신학의 정립을 지향하며』, 150.
28 위의 책, 150.
29 위의 책, 144.
30 위의 책, 8.
31 위의 책, 38.
32 위르겐 몰트만, 김균진 역, 『창조 안에 계신 하느님: 생태학적 창조론』, 33.

몰트만은 성령은 세상 밖에 계신 것이 아니라 세상 속에 존재하시고 인간의 영혼 속에만 계신 것이 아니라 모든 육체 속에 존재하신다고 말한다.[33] 또한, 창조자는 영의 힘과 가능성을 통해 그의 피조물들 안에 거하시며 그들을 생기 있게 하시고 그들을 유지하시며 그들을 그의 나라의 미래로 인도하신다.[34]

여기서 범재신론과 연관된 문제가 발생한다. 몰트만 신학에 나타나는 범재신론은 하나님과 피조물 사이의 차이가 기본적으로 전제되어 있다는 의미에서 범신론과 다르다.[35] 하지만 범재신론과 연관된 문제가 발생하는데 범재신론에 바탕을 둔 우주적 그리스도론과 역사적 교회 사이에 괴리가 일어날 수밖에 없다는 것이다.

그리스도는 부활하셨기에 우주적 그리스도가 된다. 만유가 그리스도 안에 있다는 것은 아무런 문제가 되지 않는다. 그러나 역사적 교회는 여전히 이 역사 속에 존재한다. 교회는 우주적 교회가 될 수 없다. 따라서 이 둘 사이는 필연적으로 괴리가 발생할 수밖에 없는 구조다.

몰트만은 범재신론과 그리스도론이 충돌하지 않고 결합될 수 있는 토대를 세 가지로 둔다. "미래의 개방성"과 "신과 피조 세계의 상호성" 그리고 "되어 감 속에 있는 그리스도론"이다. 그러므로 몰트만의 신학은 신론으로 접근하든, 그리스도론으로 접근하든 우주의 완성이라는 종말에서 함께 만날 수 있는 구조로 되어 있다.[36]

33　김명용, "몰트만의 영성신학", 258.
34　위르겐 몰트만, 김균진 역, 『창조 안에 계신 하느님: 생태학적 창조론』, 33.
35　김명용, "몰트만의 영성신학", 258-259.
36　김동건, 『그리스도론의 역사: 고대 교부에서 현대 신학자까지』, 796-797.

몰트만의 견해에 따르면 역사 속에 있는 교회는 하나님 나라의 완성이 교회의 확장을 말하는 것이 아니다. 그는 종교적 공동체를 지향하지 않는다. 이런 이유로 몰트만에게 있어 역사적 교회는 종말론적 완성이라는 보편적 미래에 속한 하나의 요소가 될 뿐이다.[37] 따라서 역사 속에 있는 교회는 종말론적 완성을 향해 갈 뿐 우주적 교회는 되지 못한다.

몰트만은 우주적 교회가 되지 못하는 역사적 교회는 어떻게 조화를 이룰 수 있다고 보는가?

몰트만은 역사 속에 있는 교회라고 할지라도 미래적으로는 불가능한 것은 아니라고 보았다. 그 이유는 우주의 완성이 이루어지듯이, 즉 만유가 회복하게 되듯이 교회도 미래에는 만유와 함께할 것이기 때문이다.

몰트만의 신학적 관심은 우주적 그리스도론을 통해 미래로부터 현실을 해석하고, 신앙인들은 현실 속에서 미래의 희망을 통해 살아 움직이도록 하는 데 있다. 이런 측면에서 그의 신학은 이론과 실천의 일치, 말씀하시는 하나님과 실천하는 인간, 즉 조직신학과 기독교윤리학의 일치가 이루어진다.[38] 하지만 그리스도의 메시아적 통치가 하나님 나라를 향한 도상에 있으므로 현재의 역사가 처한 현실과 미래의 하나님 나라 '사이'에는 모순과 괴리가 생길 수밖에 없다.

몰트만은 이 둘 사이의 괴리를 극복하기 위해서 무엇을 주장하는가?

---

37 위의 책, 799.
38 임성택, "몰트만의 부활 이해의 신학적 배경",「복음과 교회」11권 (2001, 6), 130.

몰트만은 실천을 강조한다.[39] 그는 종말론적 방향을 가진 교회로서 현재 실천을 강조한다. 그러나 몰트만은 이 둘 사이의 괴리를 여전히 메우지 못했다. 그는 역사적 교회와 우주적 교회는 실천의 장에서만 만나는 것을 강조하고 있다. 구조적으로 역사적 교회 안에서는 우주적 그리스도를 만날 수 없게 된다. 이 괴리를 극복하지 못하면, 역사적 교회의 활동은 여전히 제한적이고 역동성을 잃게 된다.

분명히 몰트만은 역사적 예수를 넘어서려고 했다. 그의 그리스도론은 인간 중심적이고, 역사 중심적 성격을 벗어나 우주를 포함하는 그리스도를 펼쳤다. 문제는 교회가 인간 중심적이고, 역사 중심적일 수밖에 없다는 것이다.

몰트만의 교회론 속에는 우주적 차원이 포함되어 있다. 여기서 우주적 차원의 교회라 할 때는 우주적 교회라는 범주보다는 우주적 완성 또는 만유 회복을 위한 방향성을 가진 교회를 말한다. 역사 안에서 교회는 현재적으로 우주적 교회가 될 수는 없지만 언젠가 만유의 회복이 일어나면 이때 우주적 교회가 된다는 의미다.

따라서 현재 역사 안에 존재하는 교회는 우주적 교회로서가 아니라 우주적 방향을 향해 만유 회복을 이루는 교회다. 따라서 현재 교회는 역사 속에 있으므로 우주적 교회는 현재적으로는 불가능하다. 몰트만의 이런 주장에 따르면 역사적 교회는 만유 회복을 위한 봉사의 역할을 할 수밖에 없다.

몰트만은 시대에 응답하기 위해 역사적 범주에서 우주적 그리스도를 강조한 것은 뛰어났지만 역사적 교회와 어떻게 만날 수 있는지 그

39　김동건, 『그리스도론의 역사: 고대 교부에서 현대 신학자까지』, 800-801.

괴리를 메우지 못한 것이 가장 아쉬운 대목 중 하나다. 따라서 몰트만의 신학에서 역사적 실천에 관한 강조는 후기로 가면서 약해진다.[40]

몰트만은 후기로 갈수록 역사보다는 우주를 강조하다 보니 종말론적 방향을 가진 교회를 강조했다. 이때 몰트만은 역사 속에 있는 교회는 종말론적 방향을 향한 실천을 강조했고 이 실천을 통해서 만날 수 있음을 강조한다. 하지만 구체적으로 어떤 실천을 해야 하는지 우주적 교회로서 그 범주를 말하지 못했다.

따라서 후기로 가면서 실천을 강조하는 것보다는 만유 회복을 더 강조하게 된다. 교회는 성경을 통한 역사적 예수와 그의 가르침에 근거해서 실천하기에 강력하지만, 우주적 그리스도론에서는 그 실천의 근거를 찾기가 어렵다. 기독교인이 따라야 할 실천 내용, 곧 역사 책임적 사명은 '역사적 예수'에서 나온다. 이 부분이 모호하면 그리스도론이 공허해질 수밖에 없다.[41]

2) 역사와 우주의 부조화는 몰트만 신학 전반에 걸쳐 나타난다.
이 책의 목적은 그리스도론과 교회론 사이의 괴리와 모순을 찾는 것에 있지 않고, 둘 사이의 불일치가 나타날 수밖에 없는 그 원인을 찾아 괴리를 어떻게 조화시킬 수 있을지 그리고 역사적 교회가 나아가야 할 방향을 찾는 데 있다.

필자는 몰트만이 가지는 이 한계를, 역사와 우주의 조화에서 찾을 수 있다고 믿는다. 즉, 교회는 우주적 지평을 가지면서, 동시에 역사

---

40 Dong-Kun Kim, *The Future of Christology: Jesus Christ for a Global Age*, 55-57.
41 김동건, 『그리스도론의 역사: 고대 교부에서 현대 신학자까지』, 973.

를 범주로 사용해야 한다. 역사 속에 있는 교회는 역사라는 범주를 놓쳐서는 안 된다. 교회가 우주를 지평으로만 가진다면 역사라는 범주를 간과하게 될 수밖에 없다. 이런 이유로 몰트만 신학에서 후기로 가면 우주에 관한 강조는 강하게 나타나지만, 역사는 잘 드러나지 않는다. 교회는 여전히 역사와 우주라는 범주를 함께 가져야 한다.

몰트만은 자신의 그리스도론을 우주적 그리스도론으로 확장했다. 그는 역사 속에 있는 교회는 종말론적 지평을 가지고 있다고 말한다. 몰트만의 신학적 사고는 지평을 우주 또는 자연으로 확장했지만 결국 역사라는 지평을 약화시켰던 것이다. 교회는 역사 안에 존재하기 때문에 역사적 지평을 유지하고 있어야 했다.

하지만 몰트만은 우주와 역사의 지평을 강조함으로 역사의 범주를 포기했다. 역사에 발을 딛고 있는 교회는 종말론적 지평을 가지면서도 동시에 역사적 범주를 가져야 한다. 따라서 교회는 현재 활동의 장인 역사에서 책임을 감당하면서, 우주적 완성이라는 미래의 지평을 가지는 것이다. 교회가 현재 가져야 할 위치는 역사를 범주로 하고 미래의 완성이라는 종말론적 현재다.[42]

종말론적 현재라는 것은 종말론적 방향을 가진 현재를 말하는 것이 아니다. 현재가 중요하지만, 종말과 격리된 현재가 아니라 미래에 완성될 종말론이 투영된 현재다. 몰트만은 역사에서 우주의 완성으로 넘어갔기에 현재 역사성이 약해진 것이다. 교회는 종말론적 현재 속에서 살아간다. 역사 속에 있는 교회가 종말론적 공동체라는 것은

---

[42] 필자는 김동건이 주장한 역사의 범주와 우주의 범주가 여전히 중요하다는 입장에 동의한다. Dong-Kun Kim, *The Future of Christology: Jesus Christ for a Global Age*, 66.

종말론적 방향을 가진 교회가 아니라 종말이라는 미래가 투영된 종말론적 공동체로 현재 존재하는 교회라는 의미다.

현재는 역사적이고 미래의 지평을 가져야 한다는 말을 지금까지 해 왔다. 필자가 주장하는 것은 역사적 교회가 현재를 강조하고 미래는 대체되어서 우주적 지평으로 가진다는 것을 넘어서야 한다는 것이다. 역사적 교회는 단순히 현재를 강조한다고 해서 현재에만 머무는 것이 아니다. 종말론적 현재이기 때문에 미래의 완성이 이미 선취되어서 현재 속에서 작용하고 있는 현재다.

필자가 주장하는 역사적 교회는 현재가 미래와 분리된 단순히 시제적 현재가 아니다. 종말론적 현실이 현재화된 현재다. 따라서 역사적 교회가 현재에 헌신한다고 해서 현재에 매몰되거나 현재에 안주하는 역사적 교회가 아니라 종말론적 현재가 이미 미래적 지평을 내포하고 있는 현재이기에 만물의 완성을 이루어 내는 공동체다. 이것이 몰트만의 한계를 극복하는 방향 제시다. 이렇게 교회론은 현재와 미래가 분리되지 않고 유기적으로 결합되어 있다.

역사적 교회는 종말론적 현재를 자기 정체성으로 가진다. 종말론적 현재를 상실한 교회는 바람직한 교회가 되지 못한다. 종말론적 현재를 상실한 교회가 되면 자칫 잘못하면 미래가 없어지거나 미래는 있는데 현재가 없는 교회가 된다.

그렇다면 현재 종말론적 교회는 우주적 그리스도와 조화를 이룰 수 있을 것인가?

필자는 가능하다고 본다. 그 이유는 몰트만이 말한 형태는 괴리가 생기지만 필자가 주장한 교회론은 우주적이며 종말론적 현재를 자기 정체성으로 가지기 때문이다. 우주적 종말론적 현재를 자기 정체성으로 가진다는 것은 교회가 역사를 범주로 하고 우주를 지평으로 가지는 것이기에 미래의 지평도 함께 내포된 교회다. 그렇기 때문에 괴리가 생기지 않는다.

몰트만의 신학에서는 역사적 교회와 우주적 그리스도는 괴리가 발생한다. 그러나 역사적 교회가 종말론적 현재라는 자기 정체성을 가진다면 역사라는 현재에 발을 딛고 있지만, 우주적 지평과 종말론적 성격을 내포하기 때문에 우주적 그리스도와 조화를 이룰 수 있다.

오히려 역사적 교회가 종말론적 정체성을 가질 때 현재 역사 속에서 활기를 찾게 된다. 그리고 미래의 종말을 앞당겨 가지게 되기에 교회가 있는 곳에는 언제나 축제의 장이 된다.

현재에 살지만, 미래를 가진 교회로서 역사의 교회를 넘어선다면 초월한 우주적 그리스도와 하나 될 수 있다. 역사 속에 있는 교회가 종말론적 현재라는 정체성을 갖고 미래의 지평을 향해 꿈꾸고 완성을 향해 나아갈 때 하나님 나라는 완성된다.

3) 몰트만의 또 다른 한계는 역사와 우주를 하나의 범주로 보았고, 역사의 범주가 더 이상 필요하지 않다는 인식에 기인한다.

몰트만은 후기로 가면서 그리스도론과 교회론의 우주적 차원을 강조한다. 이때 몰트만은 역사라는 범주를 너무 일찍 포기한다. 몰트만은 우주적인 것을 강조하기 위해 역사에서 우주로 나아가면서 역사를 놓쳐 버렸다.[43] 그리고 그 자리에 우주를 대치시켰다. 몰트만의

---

43 몰트만은 그리스도를 더 이상 정적으로 두 본성을 가진 인격이나 역사적 인격성으로 파악하지 않고 역동적으로 하나님과 세계의 역사 과정 속에서 파악하고자 한다고 말했다. 그는 『예수 그리스도의 길』이라는 책을 통해 그리스도론의 목적

그리스도론을 '우주적 그리스도론'이라고 말한다. 하지만 우주적 그리스도론은 고대에도 있었다. 몰트만은 고대의 우주적 그리스도론은 인간에게 제한되어 사용되었고 모든 피조물까지 포함된 그리스도론이 아니었다고 비판한다.[44]

김동건은 기독교 역사에 나타난 그리스도론의 유형을 두 가지로 보고 그 첫째 유형이 우주론적 그리스도론이라고 말한다. 이때 우주적 그리스도론은 만유를 포함하는 것이 아니라 예수의 선재에서 시작해서 성육신을 강조한 그리스도론이다. 인간은 스스로 구원할 수 없는 죄인이기에 우주적 그리스도가 중재자, 구원의 대속자로서 인간에게 구원을 주시는 구조를 가진 그리스도론이다.[45]

몰트만은 고대의 우주적 그리스도론을 비판한 것이다. 왜냐하면, 고대의 우주적 그리스도를 매개하는 범주는 '존재'인데 몰트만은 '존재'라는 범주는 철학적이며 형이상학적인 것으로서 현대의 사고 패턴과는 맞지 않는 것으로 보기 때문이다.[46]

20세기 이전에 있었던 '아래로부터 그리스도론'도 몰트만은 비판한다. 이유는 이 유형은 '역사'라는 범주로 인간이 주체가 되어 구원의 패러다임을 찾는다는 이유 때문이다. 몰트만은 '역사'의 범주도 타당성을 잃었다고 생각한다. 그는 근대 이후 인간은 역사와 자연을 분리해서 사고했고, 결과적으로 자연이 희생되었기에 역사라는 범주

을 향한 그리스도론의 고정적 요소와 방향을 시사하려고 했다. 이런 것을 통해 그는 역사의 범주를 벗어나 종말론적 방향 즉 우주를 강조한 것을 알 수 있다. 위르겐 몰트만, 김균진 김명용 역 『예수 그리스도의 길: 메시아 차원의 그리스도』, 9-10.
44 위의 책, 384.
45 김동건, 『그리스도론의 역사: 고대 교부에서 현대 신학자까지』, 790.
46 위의 책, 790-791.

가 현실 세계, 더구나 자연을 포함한 피조 세계를 포괄적으로 다루기 어렵다고 보고 우주로 나아갔던 것이다.[47] 몰트만은 계몽주의 이후에 그리스도론에 사용된 역사라는 범주를 지나간 것으로 보면서 포기했다. 대신 그는 자연을 범주로 삼았다.

김동건은 몰트만이 기존의 '우주론적 그리스도론'에 관해 비판한 것에 전적으로 동의하지 않는다. 그 이유는 몰트만이 언급한 그리스도론은 고전기 교부들이 사용한 대표적 그리스도론이라고 하면서 이것은 '존재론적 그리스도론'(ontological Christology)에 속하며 오랫동안 중요한 역할을 했고, 지금도 여전히 중요한 요소를 가지고 있다고 보았다.[48]

또한, 역사의 범주를 지나간 것으로 보면서 자연을 그 범주에 삼은 것에 관해서도 동의하지 않는다. 왜냐하면, 자연을 범주로 삼으면, 그리스도론을 우주적 그리스도론으로 확장하고 범재신론을 유지하기에는 유리하지만 '역사적 실천'이 우주적 그리스도론 안에서 차지하는 위치가 견고하지 못하게 되기 때문이다.[49]

필자는 여기에 동의한다. 그 이유는 역사는 아직 지나간 범주가 아니기 때문이다. 여전히 역사는 중요한 범주이며 현재는 역사와 자연이 함께 가고 있다. 교회는 역사 안에 있고 현재 속에 살아가며 종말론적 미래를 자기 정체성으로 삼고 교회로 서 있기 때문이다. 몰트만이 우주적 차원으로 확장한 것은 매우 뛰어났지만 역사와 우주를 분리한 사고를 했다는 것이 그에게 나타난 가장 취약한 부분이다.

현재는 역사와 우주가 공존하고 있다. 여기에 관한 필자의 대안은

---

47   위의 책, 792.
48   위의 책, 790.
49   위의 책, 812.

현재에 관한 신학적 입장을 가지는 것이다. 현재는 지나간 것이 아니라 종말론적 미래를 품고 있는 현재다. 이미 종말론적 현재 속에 있는 교회는 미래와 분리된 교회가 아니라 현재 역사에 뿌리를 두고 현재에 충실하고 역사와 이 사회에 관한 책임 의식을 갖고 있어야 한다. 이것은 종말론적 책임 의식이고, 미래의 지평이 포함된 현재다.

3. 한국 교회에 대한 제언

1) 한국 교회는 극복해야 할 세 종류의 교회 모습이 있다. 한국 교회가 반드시 극복해야 할 문제다.

첫째 형태는 역사적 소명이 약하고 미래의 구원에 모든 관심을 가지는 교회다.

이런 교회는 대체로 종말론을 강조하는 곳에서 많이 나타난다. 교회의 모든 생활이 마지막에 구원받는 그날에 맞추어진다. 이런 교회의 전형적 모습은 다른 것과의 관계에서 존재하는 교회의 사명을 잊어버리고 역사에 관심을 갖지 않는다. 더구나 현실의 어려움과 맞물리게 되면 현실 도피적 신앙의 형태로 나타난다. 이런 교회는 역사 실천에 관한 관심보다는 초월적 경험들을 강조하고 교회의 삶과 세상의 삶을 이원화시킨다.

둘째 형태는 미래의 소망을 상실한 사회적 이데올로기적 교회다.

이런 교회는 종말론을 상실한 전형적 교회의 모습이다. 현재의 역사 실천과 참여를 강조한다. 따라서 역사 실천이라는 부분에는 큰 장점을 가지고 있다. 하지만 이것이 잘못되면 이데올로기에 빠져 교회의 근본인 그리스도를 상실한 교회가 된다. 몰트만은 교회가 종말론의 방향을 상실하고 교회의 성장을 목표로 삼을 때 정치적 시녀가 되었고 역사 참여만을 강조했을 때 이데올로기에 빠져서 복음의 근본인 그리스도를 놓쳐버리는 우를 범하는 것을 경계한다.

셋째 형태는 교회가 주인이 되어 교회 유지만을 위하는 교회다.

이는 현재 한국 교회에 가장 보편적으로 나타나는 교회 모습이다. 몰트만은 역사적 그리스도론의 한계를 보면서 우주적 차원으로까지 나아갔다. 그 이유는 인간 중심 교회의 모습 때문이었다. 이 형태의 교회는 인간 중심이 아니라 교회 중심적 교회다. 이는 헌신, 섬김, 봉사, 예배를 강조할 때 이 모든 이유가 교회 성장을 위한 것이다. 교회가 주인이 되어 예산도 교회 건물을 유지하거나 건축하는 데 사용된다. 전도, 사회봉사 등 다양한 프로그램도 오직 교회 성장을 위한 것이다.

몰트만은 교회 공동체가 그리스도의 사명에 적극적이지 않은 것을 강력하게 비판한다. 그는 지금의 교회가 인류를 위해 존재해야 하는데 인류가 교회를 위해 존재하는 것처럼 보인다고까지 말한다.[50] 그는 기독교가 혁명적인 것은 예수를 신으로 예배하고 영광 돌리는 것에 있지 않다고 말한다. 그것은 예수의 길을 따라 세상을 섬기는 것이다.[51]

앞에서 언급한 세 가지 형태의 한국 교회의 모습은 반드시 극복해야 하는데 그 대안은 무엇인가?

---

50 위르겐 몰트만, 박봉랑 외 4인 역, 『성령의 능력 안에 있는 교회: 메시아적 교회론』, 17.
51 위의 책, 155-156.

필자가 몰트만 신학의 한계와 대안에서 제시한 것처럼, 한국 교회는 자기 정체성을 분명히 가져야 한다. 교회의 정체성은 자체 안에 미래의 지평도 함께 내포된 종말론적 현재다. 이런 교회를 꿈꾸어야 한다. 미래의 소망과 미래의 종말을 가진 교회이기에 하나님 나라가 현재 속에 이루어지는 그런 축제, 감격을 보는 소망을 가져야 한다.

한국 교회는 자신을 넘어서는 우주적 그리스도와 하나 되어야 한다. 지금 한국 교회가 축제를 잃었다. 왜냐하면, 우리를 초월하는 것이 상실되었기 때문이다. 이제 이것을 한국 교회가 감당해야 한다.

2) 21세기가 되면 기독교는 위기를 맞이하게 될 것이다.

한국 교회도 예외가 아니다. 한국 교회 위기의 근거는 다양하지만, 현재 기독교와 시대정신의 괴리에서 비롯되었다고 본다. 이 시대는 과학의 눈부신 발전으로 생활 패턴이 과거와는 완전히 달라졌다. 생활 패턴이 달라졌다는 것은 시대정신도 바뀌었다는 것을 의미한다.

김동건은 시대 정신에 대해 논하기를 "그 시대가 가지고 있는 언어, 판단, 가치, 사고의 양식 등에 관한 총체적 개념으로, 쉽게 미래문화라는 개념과 유사하다"라고 말한다.[52] 앞으로 다가오는 시대의 사람들은 지금부터 훨씬 더 변화된 세계 속에 살게 된다. 경제적 생산 방법과 복제, 우주의 변화 등으로 예측 불가능한 시대를 맞이하게 될 것이다.[53] 이런 시대에 한국 교회가 신학 작업을 하지 못한다면 교회와 세상과의 괴리는 크게 되고 교인들은 이원화된 모습을 갖

---

52 영남신학연구소, 김동건 편 『신학의 전망: 21세기를 맞으며』 (서울 한국장로교출판사, 1999), 241-252.
53 김동건, 『신학이란 무엇인가?』, 241-252.

고 살게 될 것이다.

따라서 신학은 언제나 시대를 새롭게 해석해야 한다. 몰트만은 그리스도교 신학은 사회의 공적 영역, 대학, 정치 그리고 문화에 속한다고 보았다. 그는 그리스도의 교회가 예수의 하나님 나라 신학을 계속 전하고 공적으로 대변하는 것처럼 모든 그리스도교 신학은 하나님 나라 신학이며, 그런 의미에서 "공적 신학"(theolgia pubica)이다.[54]

많은 사람이 한국 교회의 신학 부재에 대해 비판한다. 신학이 필요하지 않다고 공공연하게 말하는 사람들과 신학을 천대하는 교회들도 있다. 몰트만은 끊임없이 우리 시대의 문제를 직시하면서, 신학을 통해 현실을 변화시키려고 노력했다.[55] 한국 교회는 바른 신학의 정신을 갖고 끊임없이 시대와 대화해야 하며 교회와 세상의 괴리를 메우는 작업을 해야 한다. 한국 교회가 바른 신학 작업을 하지 못한다면 교회와 세상은 더욱 이원화될 것이다.

한국 교회는 일본 식민 통치 시대의 암울한 현실 속에서 시대를 향한 책임감을 잃지 않았다. 해방 이후 한국 전쟁과 현대화 과정에서도 한국 교회는 역사에 중요한 역할을 했다. 하지만 20세기 후반부터 한국 교회의 사회적-역사적 역할은 매우 위축되었다. 앞으로 시대의 변화는 더욱 빨라질 것이고, 교회에 대한 도전도 더 크게 다가올 것이다.

21세기 한국 교회는 기로에 놓여 있다. 지금 이런 위기 속에서, 한국 교회가 거듭나고 하나님 나라의 지평을 유지하면서 민족과 역사를 위한 현재적 책임을 감당하기를 소망한다.

54　위르겐 몰트만, 채수일 역, 『그리스도가 계신 곳에 생명이 있습니다』, 131-133.
55　아신신학연구소 엮음, 『몰트만 사상과 신학의 과제』(대구: 아신출판사, 2011, 5).

참고 문헌

1. 몰트만의 주요 저서

Moltmann, J. 곽미숙 역.『세계 속에 있는 하나님: 하나님 나라를 위한 공적인 신학의 정립을 지향하며』. 서울: 도서출판 동연, 2009.
_____. 김균진 역.『과학과 지혜: 자연과학과 신학의 대화를 위하여』. 서울: 대한기독교서회, 2003.
_____. 김균진 역.『삼위일체와 하나님의 나라』. 서울: 대한기독교출판사, 2009.
_____. 김균진 역.『삼위일체와 하나님의 역사』. 서울: 대한기독교출판사, 1998.
_____. 김균진 역.『생명의 영』. 서울: 대한기독교서회, 2009.
_____. 김균진 역.『신학의 방법과 형식: 나의 신학 여정』. 서울: 대한기독교서회, 2001.
_____. 김균진 역.『십자가에 달리신 하나님: 기독교 신학의 근거와 비판으로서의 예수의 십자가』. 충남: 한국신학연구소, 2000.
_____. 김균진 역.『오시는 하나님: 기독교적 종말론』. 서울: 대한기독교서회, 2002.
_____. 김균진·김명용 역.『예수 그리스도의 길: 메시아 차원의 그리스도론』. 서울: 대한기독교서회, 1995.
_____. 김균진 역.『창조 안에 계신 하느님: 생태학적 창조론』. 서울: 한국신학연구소, 1986.
_____. 박봉랑 외 4인 역.『성령의 능력 안에 있는 교회: 메시아적 교회론』. 서울: 한국신학연구소, 2001.
_____. 이신건 역.『생명의 샘: 성령과 생명 신학』. 서울: 대한기독교서회, 2017.
_____. 이신건 역.『생명의 샘: 성령과 생명 신학』. 서울: 대한기독교서회, 2000.
_____. 이신건 역.『희망의 신학: 그리스도교적 종말론의 근거와 의미에 대한 연구』. 서울: 대한기독교서회, 2004.
_____. 이신건 외 2인 역.『몰트만 자서전』. 서울: 대한기독교서회, 2017.

_____. 전경연·김고광 역. 『인간: 현대의 갈등 속에 기독교 인간학』. 서울: 향린사, 1973.
_____. 채수일 역. 『그리스도가 계신 곳에 생명이 있습니다』. 서울:대한기독교서회, 1997.

2. 단행본

1) 국내 단행본

김동건. 『그리스도론의 역사: 고대 교부에서 현대 신학자까지』. 서울: 대한기독교서회, 2018.
_____. 『예수: 선포와 독특성』. 서울: 대한기독교서회, 2018.
_____. 『현대인을 위한 신학 강의: 12개의 주제』. 서울: 대한기독교서회, 2011.
김동건·김성수·장성운. 『신학이 있는 묵상 3』. 서울: 대한기독교서회, 2009.
김동건. 『신학이 있는 묵상 4』. 서울: 대한기독교서회, 2011.
이형기. 『알기 쉽게 간추린 몰트만 신학』. 서울: 대한기독교서회, 2001.
리처드 버캠. 김도훈, 김정형 역. 『몰트만의 신학』. 서울: 크리스천헤럴드, 2008.

2) 국외 단행본

Kim Dong-Kun. "The Future of Christology: Jesus Christ for a Global Age." New York, London: Lexington Books/Fortress Academic, 2019.

3. 편집 서적

김동건. 『신학이란 무엇인가?』. 서울: 대한기독교서회, 2010.
_____. 『21세기 신학의 과제』. 서울: 대한기독교서회, 2006.
아신신학연구소 엮음. 『몰트만 사상과 신학의 과제』. 대구: 아신출판사, 2011.
영남신학연구소. 김동건 편. 『신학의 전망: 21세기를 맞으며』. 서울: 한국장로교출판사, 1999.

4. 학술지

1) 국내

김도훈. "만유구원론에 대한 비판적 고찰: 몰트만의 만유의 회복에 대한 이론을 중심으로". 「한국조직신학논총」 제22집 (2008), 173-202.
_____. "몰트만 그리스도론의 방법론적 특성". 「장신논단」 21호 (2004), 213-235.
김동건. "몰트만 교회론의 특징들". 「신학과 목회」 20 (2003), 167-194.
_____. "몰트만과 판넨베르크 신학의 비교 연구: 역사관, 그리스도론, 프락시스를 중심으로". 「신학과 목회」 50호 (2018), 79-102.
_____. "몰트만의 그리스도론의 구조와 특징". 「신학사상」 제169호 (2015), 74-105.
김명용. "몰트만 신학의 공헌과 논쟁점". 「장신논단」 20권 (2003), 115-137.
_____. "몰트만의 만유구원론과 구원론의 새로운 지평". 「장신논단」 16호 (2000), 269-297.
_____. "몰트만의 영성신학". 「장신논단」 18호 (2002), 249-275.
김석환. "몰트만의 삼위일체론 분석". 「칼빈논단」 제28호 (2008), 73-133.
김선권. "몰트만이 말하는 그리스도인의 삶". 「영산신학저널」 제46호 (2018), 45-77.
김영한, "현대신학의 교회론", 「기독교사상」 통권 410호 (1993), 221-233.
김정두. "몰트만의 삼위일체적-메시아적 교회론과 선교론". 「선교신학」 45호 (2017), 75-106.
노영상. "인간 중심적 생태신학, 신 중심적 생태신학, 생태 중심적 생태신학의 통합으로써의 삼위일체론적 생태신학(Trinitarian Ecotheology)". 「장로교회와 신학」 제7호(2010), 93-120.
박봉랑. "카리스마적 교회론: 몰트만의 교회의 새로운 이해의 한 면". 「현대와 신학」 (1985), 51-80.
박성권. "몰트만의 메시아적 창조론". 「한국조직신학논총」 제48집 (2017), 81-121.
박영돈. "몰트만 종말론의 성령론적 전환". 「한국조직신학논총」 10권 (2008), 251-271.
박찬호. "몰트만의 창조론: 신적인 자기비움을 중심으로". 「창조론오픈포럼」 10 (2016), 11-22.
_____. "창조와 진화에 대한 몰트만의 견해". 「창조론오픈포럼」 3권 (2009), 1-10.
박태수. "칼빈과 몰트만의 교회론 비교 연구: 삼위일체적 관점에서". 「조직신학

연구」제27호 (2017), 378-411.

박화경. "한국교회교육의 변화를 위한 과제들". 「기독교교육논총」 제27집 (2011), 61-69.

배경식. "희망의 신학과 우주적 종말". 「한국조직신학논총」 38권 (2014), 79-120.

서창원. "현대 신학적 인간론 하나님의 형상 이해". 「신학과 세계」 46(2003), 254-272.

신옥수. "몰트만 신학에 있어서의 만유재신론적인 비전". 「조직신학논총」 제8집 (2003), 99-129.

_____. "몰트만의 사회적 삼위일체론: 비판적 대화를 중심으로". 「장신논단」 30권 (2007), 203-239.

_____. "몰트만의 우주적 성령 이해". 「장신논단」 26호 (2006), 229-264.

_____. "몰트만의 우주적 종말론". 「교회와신학」 제79집 (2015), 196-220.

_____. "몰트만의 창조 이해에 나타난 하나님의 케노시스". 「한국조직신학논총」 제27집 (2010), 79-109.

_____. "몰트만의 통전적 구원론". 「한국기독교 신학논총」 제95집 (2015), 127-154.

_____. "한국에서 몰트만의 수용과 이해". 「한국조직신학논총」 제35집 (2013), 189-222.

유석성. "몰트만과 그의 신학: 희망과 희망 사이; 몰트만의 정치 사회적 그리스도론". 「한국조직신학논총」 제12집 (2005), 173-195.

윤철호. "치유의 관점에서 본 몰트만의 구원론". 「교회와신학」 제78집 (2014), 116-140.

이동영. "몰트만의 삼위일체론적 종말론과 그 구성을 위한 조건들". 「한국개혁신학」 42권 (2014), 191-250.

이상직. "몰트만과 그의 신학: 희망과 희망 사이; 몰트만의 교회론: 하나님의 영광과 세계의 해방을 위한 교회론". 「한국조직신학논총」 12권 (2005), 219-245.

이찬석. "몰트만의 만유구원론과 선교". 「한국조직신학논총」 제41집 (2015), 345-375.

_____. "몰트만의 만유구원론에 대한 고찰". 「한국조직신학논총」 제41집 (2014), 277-308.

_____. "몰트만의 삼위일체론과 기독교 예배" 「신학과 실천」 제46호 (2015), 61-87.

임성택. "몰트만의 부활 이해의 신학적 배경". 「복음과 교회」 11권 (2001), 128-152.

임정혁. "위르겐 몰트만의 사회적 삼위일체론과 양성평등". 「한국여성신학」 제74호 (2012), 97-137.

임홍빈. "몰트만에게서 인간과 자연의 관계". 「신학연구」 46 (2004), 155-186.

천병석. "몰트만의 그리스도론에 대한 비판적 숙고". 「부산장신논총」 10호

(2010), 167-188.

최경환. "공공신학의 기원, 특징, 최근 이슈들".「복음과 윤리」12권 (2015), 14.

최승태. "교회표지에 대한 몰트만의 재해석이 한국 교회에 주는 의미".「조직신학논총」31권 (2011), 71-100.

_____. "몰트만의 종말론적 희망의 상징으로서 성찬 이해가 교회에 주는 의미". 「한국조직신학논총」12권 (2005), 193-223.

최태영. "몰트만의 만유구원론에 대한 통전적 이해".「한국조직신학논총」제22집 (2008), 107-135.

한상민. "위르겐 몰트만의 영그리스도론의 신학적 함의: 성령론적 그리스도론의 신학적 가능성".「신학과 선교」제41집 (2012), 39-60.

현요한. "몰트만과 그의 신학: 희망과 희망 사이; 몰트만의 성령론".「한국조직신학논총」12권 (2005), 197-218.

황돈형. "몰트만과 그의 신학: 희망과 희망 사이; 몰트만의 인간 이해".「한국조직신학논총」12권 (2005), 147-171.

2) 국외

Hausoul, Raymond R. "An Evaluation of Jürgen Moltmann's Concept of Time and Space in the New Creation." *Journal of Reformed Theology* (2013), 137-159.

Kay, William K. "God in Creation: a Reflection on Jürgen Moltmann's Theology." *Rural Theology* (2005), 75-84.

Lett, J. "Jürgen Moltmann's theology of divine action: towards a more integrative understanding of his doctrine of Creaton." *Wesleyan Theological Journal* 49 (2014), 205-242.

Macek, P. "The Doctrine of Creation in the Messianic Theology of Moltmann." *Communio viatorum* 49 (2007), 150-184.

Macleod, D. "The Christology of Jürgen Moltmann." *Themelios* (1999), 35-47.

Oden, P. "An Emerging Pneumatology: Jürgen Moltmann and the Emerging Church in Conversation." *Journal of Pentecostal Theology* (2009), 263-284.

Paeth, Ben, "The Spirit and the Cross: Insights from Barth and Moltmann, *Evangelical Review of Theology* (2012), 292-301.

Wright, Nigel G. "Universalism in the theology of Jurgen Moltmann." *Evangelical Quarterly* (2012), 33-39.